Die chemische Industrie in den Vereinigten Staaten

und die

deutschen Handelsbeziehungen

Auf Grund von amtlichem Material

bearbeitet von

Dr. Hermann Grossmann,
Privatdozent an der Universität Berlin.

Leipzig
Verlag von Veit & Comp.
1912

Druck von Metzger & Wittig in Leipzig.

Vorwort.

Die Geschichte der chemischen Industrie bei den einzelnen Kulturvölkern ist bei dem Mangel an zuverlässigem Material in weiteren Kreisen nur wenig bekannt. Leider erscheint es gegenwärtig wenig wahrscheinlich, daß sich diese Verhältnisse bei dem scharfen Konkurrenzkampf auf dem Weltmarkt in absehbarer Zeit ändern dürften. Veröffentlichungen von offizieller Seite aus, welche immerhin einiges Licht auf die Entwicklungsgeschichte der verschiedenen Zweige der chemischen Industrie werfen, verdienen daher unter allen Umständen besonders bekannt zu werden. Dies gilt auch von dem am 7. Februar 1912 dem amerikanischen Repräsentantenhause zugegangenen Bericht des Comittee of Ways and Means, welcher vor allem Materialien zur Frage der einzelnen Zollveränderungen enthält, welchen verschiedene chemische Produkte neuerdings gegenüber dem seit 1909 gültigen Payne-Aldrich-Tarif unterworfen werden sollen.[1] Außerdem aber enthält der Bericht noch eine sorgfältige wirtschaftsstatistische Darstellung der chemischen Industrie in den Vereinigten Staaten, in Deutschland, England, Frankreich und Kanada. Für Deutschland dürfte besonders der Abschnitt über die Entwicklungsgeschichte der chemischen Industrie in Amerika ein erhebliches Interesse bieten, da gerade über die im bedeutenden Aufschwung befindliche amerikanische Industrie verhältnismäßig wenig bekannt ist, obwohl sehr umfangreiche amtliche Berichte anläßlich der alle fünf Jahre stattfindenden Zensusaufnahmen vorliegen. Diese wertvollen Zensusberichte aber sind naturgemäß in Deutschland keineswegs allgemein zugänglich und außerdem nur in ihren wichtigsten Ergebnissen bekannt geworden. Schon aus diesem Grunde dürfte eine Bearbeitung des oben erwähnten neuen Berichts, welcher eine Zusammenfassung der früheren offiziellen Publikationen gibt, vielen nicht unwillkommen sein.

In der folgenden wirtschaftlichen Schilderung habe ich mich im wesentlichen an den zusammenfassenden Abschnitt über die amerikanische Industrie gehalten und außerdem in einem besonderen Kapitel noch einige

[1] Der genaue Titel dieser Schrift lautet: Chemicals, Oils and paints. Glossary on Schedule A. An analysis by paragraphs of Schedule A of the Tariff Act of August 5, 1909, prepared under the direction of the Tariff Board. Washington 1912. 274 Seiten. Vgl. jedoch S. 74 Anmerkung.

besonders wichtige Industriezweige etwas genauer geschildert. Es lag aber nicht in der Absicht, eine umfangreiche Darstellung der chemischen Industrie der Vereinigten Staaten zu geben; es sollen diese Ausführungen vielmehr nur an einzelnen ausgewählten Beispielen erkennen lassen, welche bedeutenden Entwicklungsmöglichkeiten die chemische Industrie Amerikas zurzeit aufweist.

Im Hinblick auf den im September dieses Jahres in New York tagenden Internationalen Kongreß für angewandte Chemie, und mit Rücksicht auf die vielseitigen Handelsbeziehungen Deutschlands in Chemikalien mit den Vereinigten Staaten sind außerdem in einem dritten Abschnitt noch auf Grund der offiziellen deutschen Veröffentlichungen die wechselseitigen Beziehungen der chemischen Industrie Amerikas und Deutschlands behandelt.

Endlich wurde anhangsweise eine Abhandlung des technischen Sachverständigen des Tariff Board B. Herstein über „Patente und die chemische Industrie in den Vereinigten Staaten" zum Abdruck gebracht, weil gegenwärtig das Patentproblem besonders in den chemisch-industriellen Kreisen sehr lebhaft diskutiert wird und weil eine etwaige spätere Revision der amerikanischen Zollpolitik nicht ohne Veränderungen auf dem Gebiete der Patentgesetzgebung sich vollziehen dürfte.

Berlin, Juli 1912.

Hermann Grossmann.

Inhalt.

I.

Die wirtschaftliche Entwicklungsgeschichte der nordamerikanischen chemischen Industrie. Einfuhr und Ausfuhr von Chemikalien in der Gegenwart.

Die Geschichte der chemischen Industrie in den Vereinigten Staaten kann man vom Jahre 1793 an datieren, wo zuerst John Harrison in Philadelphia eine Schwefelsäurefabrik mit Bleikammern errichtete, der wenige Jahre später die Anlage einer Schwefelsäureraffinerie folgte. Harrison benutzte zur Raffination seiner Säure Platingefäße und hat auch den Anspruch erhoben, als erster diese wichtige Neuerung in der Schwefelsäureindustrie eingeführt zu haben.

In dieselbe Zeit fällt auch die Errichtung einer Bleiweißfabrik durch Wetherill, ebenfalls in Philadelphia, das sich frühzeitig zu einem wichtigen Zentrum gewerblicher Tätigkeit entwickelte. In den nächsten Jahren wurden eine Reihe weiterer chemischer Anlagen errichtet, in denen Drogen und pharmazeutische Präparate, Erdfarben, sowie Gerb- und Farbstoffextrakte gewonnen wurden. Von Philadelphia aus verbreitete sich die chemische Industrie nach Baltimore und weiter nach dem Staate New York und den Neu-England-Staaten; lange Zeit hindurch jedoch bestand die chemische Industrie Nordamerikas im wesentlichen aus Einzelunternehmungen, welche chemische Spezialitäten herstellten, zwischen denen jedoch keine näheren Beziehungen herrschten. Von einer Geschlossenheit war jedenfalls damals noch keine Rede. Diese Tatsache ist leicht verständlich, wenn man berücksichtigt, daß die Vereinigten Staaten am Ende des 18. Jahrhunderts ein reiner Agrarstaat waren. Aber auch nachdem sich die Gewerbetätigkeit langsam zu entwickeln begann, vollzog sich der Fortschritt in der chemischen Industrie nur äußerst langsam, da die wenigen bestehenden Fabriken unter dem übermächtigen Druck des englischen Wettbewerbs schwer zu leiden hatten. Bekanntlich war in der ersten Hälfte des 19. Jahrhunderts England tonangebend in der chemischen Industrie, da es vor allem den Vorteil einer billigen Versorgung mit chemischen Rohstoffen besaß und da auch die Kenntnis chemischer Prozesse zu jener Zeit in England am meisten verbreitet war. Dieser übermächtigen Konkurrenz Englands ist es auch vor allem zuzuschreiben, daß die Gewinnung von Soda nach dem Leblanc-Prozeß in den Vereinigten Staaten niemals festen Fuß fassen konnte. Was das bedeutet, kann man daraus erkennen, daß der Leblanc-Sodaprozeß mehr als ein halbes Jahrhundert hindurch das Zentrum der chemischen Großindustrie überhaupt gebildet hat. Nach 1850 aber wurde die chemisch-industrielle Tätigkeit in den Vereinigten Staaten allmählich eine umfangreichere. Hierzu hatten eine Reihe von Umständen beigetragen. Einmal hatte sich die Raffinationsindustrie des Petroleums allmählich zu einer Großindustrie entwickelt, und das gleiche gilt von der Entwicklung der Textilindustrie, der Gerberei, der Seifen- und Farbenherstellung; ferner stellte sich auch immer mehr ein Bedarf für künstliche Düngemittel heraus, und diese Gewerbezweige bedurften insgesamt einer raschen und sicheren Versorgung mit spezifisch chemischen Produkten; es war also der heranwachsenden chemischen Industrie Amerikas die Aussicht auf einen bedeutenden und gesicherten inneren Markt gegeben.

Der Zensus vom Jahre 1860, wie übrigens auch alle weiteren Gewerbezählungen bis zum Jahre 1880, führte die chemische Industrie noch nicht als einen gesonderten Gewerbezweig auf. Es läßt sich jedoch aus den Einzelangaben, welche für einzelne Industriezweige chemischer Natur vorliegen, berechnen, daß zu dieser Zeit 99 chemische Fabriken bestanden, die im ganzen 1636 Arbeiter beschäftigten. Der Wert der in diesen chemischen Fabriken hergestellten Produkte betrug rund 5,25 Mill. Dollar, und der Lohn der Arbeiter 560000 Dollar.

Die Bedeutung, welche die chemische Industrie zu dieser Zeit unter den übrigen Gewerben einnahm, läßt sich aus der Tatsache ermessen, daß im Jahre 1860 im ganzen 140433 gewerbliche Niederlassungen vorhanden waren, die Waren im Gesamtwert von rund 1,89 Milliarden Dollar herstellten; demnach entfielen auf die chemische Industrie 2,99%, unter Berücksichtigung der Zahl der Anlagen, und 4,89% des Wertes der hergestellten Produkte. Von 1860 bis 1880 nahm bekanntlich die nordamerikanische Volkswirtschaft einen gewaltigen Aufschwung, der besonders nach der glücklichen Beendigung des Sezessionskrieges und dem Eintritt der Südstaaten in den nunmehr bedeutend gewachsenen staatlichen Verband einsetzte. So zählte man im Jahre 1880 bereits 253852 Fabriken, die Waren im Werte von 5,37 Milliarden Dollar herstellten, wobei übrigens die Hüttenindustrien nicht berücksichtigt sind. Während dieser Zeit wuchs auch die Bevölkerung der Vereinigten Staaten von 31,4 Mill. auf 50,2 Mill., d. h. um ungefähr 60%.

Aus verschiedenen Gründen wuchs aber die chemische Industrie zu dieser Zeit verhältnismäßig nicht in dem gleichen schnellen Tempo wie andere Gewerbe, wenn auch die gemachten Fortschritte keineswegs als unbedeutend angesehen werden können. Vor allem änderte sich der wirtschaftliche Charakter der Einzelunternehmungen. Alles drängte immer mehr zum Großbetriebe. Während im Jahre 1860 der Wert der in den einzelnen chemischen Fabriken hergestellten Produkte im Durchschnitt pro Fabrik nur ungefähr 23000 Dollar betragen hatte, betrug derselbe im Jahre 1880 bereits 87000 Dollar. Daß die chemische Industrie zu dieser Zeit bereits eine bedeutsame Stellung im amerikanischen Wirtschaftsleben einnahm, geht auch daraus hervor, daß im Jahre 1880 zum erstenmal die Notwendigkeit zutage trat, die chemischen Gewerbe gesondert aufzunehmen und darüber einen speziellen Bericht zu verfassen. Aus diesem Bericht seien die folgenden Zahlen, welche das Endergebnis dieser Aufnahmen wiedergeben, hier aufgeführt. Es betrug im Jahre 1880:

Die Zahl der einzelnen Unternehmungen . . .	1349	
Das investierte Kapital	85394211	Dollar
Der Gesamtwert der hergestellten Produkte . .	117377324	,,
Der Gesamtwert aller Rohstoffe	77471836	,,
Die Gesamtzahl der Fabrikarbeiter	29520	
Der Betrag der gezahlten Löhne	11840704	,,

Die Zensusaufnahme im Jahre 1880 war noch bei weitem nicht so spezialisiert wie diejenige in den späteren Berichten. Von Einzelheiten sei hier nur erwähnt, daß die Produktion und der Wert einer Reihe der wichtigsten in Amerika zu jener Zeit hergestellten Produkte sich wie folgt stellte:

Produkte	Menge t	Wert 1000 Dollar
Soda	20130	866,6
Schwefelsäure	104383	3662,9
Alaun	19609	808,2
Seifen	223148	20365,6
Düngemittel	727453	19921,4

Von besonderem Interesse ist, daß bereits damals eine gewisse Menge von Anilinfarben und von Anthrazen hergestellt wurde, und zwar im ganzen 80518 Pfd. Farben im Wert von 107292 Dollar und 266766 Pfd. Anthrazen im Werte von 89650 Dollar. Bedeutend war auch schon zu dieser Zeit die Herstellung von Bleiweiß, Zinkoxyd und von Barytpräparaten, vor allem von Blanc fixe.

Im Jahre 1890 finden sich im Zensusbericht der Gruppe „Chemikalien“ und ähnliche Produkte folgende Angaben:

Zahl der einzelnen Unternehmungen	1626	
Das investierte Kapital	168462044	Dollar
Der Gesamtwert der hergestellten Produkte . .	177811833	,,
Gesamtwert aller Rohstoffe	106521980	,,
Durchschnittszahl der Arbeiter	37748	
Gesamtwert der gezahlten Löhne	17856817	Dollar

In diesem Bericht ist die Zahl der wichtigeren Chemikalien, von welchen in Amerika selbst größere Mengen hergestellt wurden, schon erheblich bedeutender.

Produkte	Menge t	Wert 1000 Dollar
Alaun	46999	1617
Kohlenteerprodukte.	—	687,6
Farbstoff- und Gerbstoffextrakte	93953	8857
Schießpulver und Explosivstoffe	62822	10993
Düngemittel	1898806	35520
Farben und Lacke	—	52968
Pharmazeutische Präparate . .	—	10745
Pottasche	2553	197,5
Soda	166562	5432
Schwefelsäure	692388	5199
Holzgeist und essigsaurer Kalk	—	1885
Sonstige Chemikalien	—	24752
Alle übrigen Produkte	—	13018
	Gesamtmenge	177812

Auch in diesem Zensusbericht ist ein etwas abweichendes Klassifikationsprinzip benutzt worden, so daß ein genauer Vergleich mit den Ergebnissen des Jahres 1880 nicht möglich ist. Die angeführten Zahlen zeigen aber bereits in deutlicher Weise, welche bedeutenden Fortschritte damals gemacht wurden. So hatte sich z. B. die Menge der hergestellten Soda infolge der Errichtung der großen Sodafabrik in Syrakuse durch die Solvay Process Co. mehr als verachtfacht. Im Jahre 1880 wurden nämlich erst 900 t Soda in Amerika gewonnen, welche aus den natürlichen Sodalagern im Staate Nevada stammten. Auch noch später hat man versucht, diese Lager, sowie ähnliche Vorkommnisse in Wyoming rationell auszubeuten. Die Anstrengungen der Laramie Chemical Works, welche große Fabriken zur Herstellung von Soda, Ätznatron und Sulfat errichtet hatte, sind jedoch gescheitert, da auf die weiten Entfernungen hin ein Wettbewerb mit den im Osten gelegenen Werken unmöglich war, so daß die Fabriken im Jahre 1892 ihren Betrieb eingestellt haben. Ebenso hatte sich auch die Menge der Schwefelsäure fast um das Siebenfache vermehrt; während im Jahre 1880 noch keine Angaben über die Stärke der hergestellten Säure vorliegen, finden sich in dem Zensusbericht vom Jahre 1890 doch bereits spezialisiertere Angaben. Danach entfiel der größte Teil der hergestellten Schwefelsäure, nämlich rund 500000 t, auf eine Säure von 50° Baumé, rund 10000 t auf eine Säure von 60° und 177000 t auf eine 66grädige Säure. Die Angaben über die Säure von 50° Baumé dürften auch jene 290000 t in sich schließen, welche zur Herstellung von Düngemitteln damals Verwendung gefunden haben. Die Menge der in Amerika hergestellten künstlichen Düngemittel selbst hatte sich in dem Zeitraum von 10 Jahren um das Zweieinhalbfache vermehrt.

Auch der Wert der Kohlenteerprodukte war in dem Dezennium von 1880 bis 1890 sehr erheblich gestiegen, und zwar von 197000 Dollar auf 687000 Dollar oder um 250%. Der Fortschritt würde wohl noch größer gewesen sein, wenn nicht zu dieser Zeit infolge des Erlöschens verschiedener Patente auf dem Gebiete der Farbstoffe der sehr gesteigerte europäische Import diese Entwicklung verzögert hätte.

Während es nicht möglich ist, die Gesamtergebnisse der früheren Zensusberichte genau miteinander zu vergleichen, gelingt es für die späteren Berichte, welche auch in den Summenzahlen eine erhebliche Spezialisierung erfahren haben, ohne Schwierigkeit. In der folgenden Tabelle sind die wichtigsten Hauptergebnisse der Zensusaufnahmen über Chemikalien und verwandte Produkte[1] von 1900, 1905 und 1910 zusammengestellt.

	1910	1905	1900
Zahl der Fabriken	11863	9689	8820
Investiertes Kapital (in 1000 Doll.)	2053970	1521774	1180104
Wert der Produkte (in 1000 Doll.)	1479700	1056532	757127
Zahl der höheren Beamten	68576	45442	34564
Summe der Gehälter höherer Beamter (in 1000 Doll.)	81037	50252	37253
Zahl der Arbeiter	242961	213041	185515
Summe der gezahlten Löhne (in 1000 Doll.)	116214	95740	73350
Kosten der Rohmaterialien (in 1000 Doll.)	903920	629609	453411
Verschiedene Ausgaben (in 1000 Doll.)	—	129887	74255

Die wichtigste Gruppe enthält die Chemikalien im eigentlichen Sinne (Chemicals proper). Es gehören dazu in erster Reihe die Gewinnung von Säuren (mit Ausnahme von Schwefelsäure, Salpetersäure und Mischsäuren, welche gesondert aufgeführt werden), Ammoniak, Kali- und Natriumverbindungen, Alaune, Bleichmaterialien, Kohlenteerprodukte (nicht Farben oder zu medizinischem Gebrauch), komprimierte Gase, Cyanide, Produkte der elektrochemischen Industrie, Glycerin, Salze aller Art und sonstige wertvollere Chemikalien. Im wesentlichen entspricht also diese Gruppe der Position 7a der deutschen Gewerbestatistik.

Über die Entwicklung der Gruppe „Chemikalien im engeren Sinne" läßt sich den Zensusberichten folgende Tabelle entnehmen:

	1910	1905	1900	1890	1880
Zahl der Fabriken	349	448[2]	433	563	595
Wert der erzeugten Produkte (in 1000 Doll.)	117689	92088	62637	59353	38640
Investiertes Kapital (in 1000 Doll.)	155144	119890	89069	55032	28983
Kosten der Rohmaterialien (in 1000 Doll.)	64122	51883	34546	33695	24666
Summe der Arbeiterlöhne (in 1000 Doll.)	14085	13362	9393	7308	4223
Summe der Gehälter höherer Angestellter (in 1000 Doll.)	6137	4902	2923	2383	[3]
Verschiedene Ausgaben (in 1000 Doll.)	[3]	8937	4362	4413	[3]

[1] Nach dem Zensusbericht vom Jahre 1905, der auch im Jahre 1910 im wesentlichen benutzt worden ist, gehören zur Gruppe „Chemikalien und verwandte Produkte" folgende Produkte: Schmieröle, Backpulver, Schuhwichse, Waschblau, Schwärze, Kerzen, Chemikalien im eigentlichen Sinne, pharmazeutische und medizinische Präparate, Farben und Gerbstoffextrakte, Explosivstoffe, Düngemittel, Leuchtgas, Leim, Fette und Öle, Tinte, Malerfarben, Parfümeriewaren, Raffinerieprodukte des Petroleums, Salz, Seife, Stärke, Mineralsäuren, Terpentin und Harze, Lacke und Produkte der Holzdestillation.

[2] Einschließlich 32 Fabriken, welche Schwefelsäure, Salpetersäure und Mischsäuren herstellen, und 141 Holzdestillationsbetrieben.

[3] Nicht besonders aufgeführt.

Diese Zahlen ergeben eine bedeutende Zunahme des Wertes der hergestellten Produkte des investierten Kapitals, der Kosten der Rohmaterialien und auch der Löhne und Gehälter. Dagegen ist die Zahl der Fabriken gesunken. Auch hieraus erkennt man die großindustrielle Entwicklung der nordamerikanischen Industrie.

Interessante Aufschlüsse über die Entwicklung einzelner Zweige der chemischen Industrie gibt auch die folgende Tabelle.

	Zahl der Fabriken		Zahl der Beamten		Zahl der Arbeiter		Summe der Gehälter in 1000 Doll.		Summe der Löhne in 1000 Doll.	
	1910	1905	1910	1905	1910	1905	1910	1905	1910	1905
Färbereien u. Farbstoffextraktgew.	107	98	553	361	2397	2707	942	609	1291	1264
Herstellung von Medizinen u. Drogen einschließlich Parfümeriewaren u. Kosmetika	3642	2777	15704	9483	22895	20472	17007	9975	9897	7913
Seifenfabriken	420	436	5065	3058	12999	11044	5506	3503	6227	4763
Farben u. Firnisse	791	639	7200	4408	14240	11633	10378	5677	8271	6264
Schwefelsäure-, Salpetersäuregewinn.	42	32	330	308	2252	2447	551	556	1495	1505
Ätherische Öle	68	52	45	37	290	132	61	40	123	70
Talgschmelzereien u. Fettgewinnung	353	300	783	481	4357	3628	991	583	2629	2114
Leinölgewinnung	29	30	202	156	1452	1349	740	423	833	786
Sonstige Ölgewinn.	189	186	1311	663	1715	1305	1923	882	1060	752

Diese Tabelle zeigt das ganz verschiedene Wachstum der einzelnen Zweige der chemischen Industrie. Sehr interessant ist auch die folgende Übersicht über investiertes Kapital, Wert der Produkte und die Kosten der Rohmaterialien in den oben genannten Zweigen. Alle Zahlen in 1000 Dollar.

	Investiertes Kapital		Wert der Produkte		Kosten der Rohmaterialien	
	1910	1905	1910	1905	1910	1905
Färbereien u. Farbstoffextraktgewinnung	17935	149004	15955	10893	9684	6829
Herstellung von Medizinen, Drogen einschließlich Parfümeriewaren u. Kosmetika	99942	75607	141942	117436	50376	39434
Seifenfabriken	71951	54816	111358	68275	72179	43626
Farben u. Firnisse	103995	75486	124886	90840	79016	59827
Schwefelsäure-, Salpetersäurefabrikation	18726	12762	9884	9053	5386	4973
Ätherische Öle	1365	723	1737	1465	1255	1100
Talgschmelzerein u. Fettgewinnung	16676	10284	23419	18815	15543	12369
Leinölgewinnung	18932	9850	36739	27577	31035	23153
Sonstige Ölgewinnung	18441	11229	30865	22923	21407	14483

Für die durch die neu geplanten Zolltarifveränderungen betroffenen Zweige der gesamten chemischen Industrie der Vereinigten Staaten ergibt sich für den Zeitraum von 1905 bis 1910 eine Steigerung in der Zahl der Fabriken von 6194 auf 7620, in der Zahl der höheren Angestellten und Beamten von 25350 auf 41186 und in der Zahl der Arbeiter von 89087 auf 102068. Die Steigerung in der Zahl der höheren Angestellten und Beamten ist demnach erheblich größer als bei den Arbeitern. Dem entspricht auch eine bedeutende Erhöhung der Gehälter von 30 auf 52 Mill. Dollar gegenüber von 43 auf 53,8 Mill. Dollar bei den Arbeitern. Ganz außerordentlich aber erscheint die Zunahme des in der chemischen Industrie investierten Kapitals von 420 Mill. Dollar auf 616,5 Mill. Dollar. Der Wert der hergestellten Produkte erreichte die hohe Zahl von 705 Mill. Dollar (d. h. über 2,75 Milliarden Mark), gegenüber 513 Mill. Dollar im Jahre 1905. Aber auch die Kosten der Rohmaterialien erfuhren eine beträchtliche Wertsteigerung von 285 Mill. Dollar auf 396 Mill. Dollar.

Unter Rohmaterialien sind in der Berechnung berücksichtigt:

1. Stoffe, welche von den Fabriken in unverarbeitetem Zustande gekauft werden.

2. Stoffe, welche in halbverarbeitetem Zustande weitere Verwendung finden.

3. Feuerungsmaterial.

4. Kraftbedarf und Frachtkosten.

Im Jahre 1905 stellten sich die Rohmaterialien nach dem Zensusbericht in der Gruppe „Chemikalien und verwandte Produkte" wie folgt:

	Wert in 1000 Dollar
Gruppe 1	264345
„ 2	314979
„ 3	21920
„ 4	8107

Die chemische Industrie Amerikas beruht natürlich in außerordentlich hohem Grade auf der Existenz und der gewinnbringenden Verarbeitung von im Lande gewonnenen Rohstoffen. Rechnet man das Feuerungsmaterial mit den Rohstoffen der Gruppe 1 zusammen, so ergibt sich für 1905 folgende Verteilung der Rohstoffe:

	Wert in 1000 Dollar
Rohprodukte, welche bergmännisch gewonnen werden .	181326
Rohprodukte, welche der Ackerbau liefert	96486
Rohprodukte, welche die Forstwirtschaft liefert	8200
Rohstoffe, welche aus dem Meere stammen	254
Summe aller Rohstoffe . . .	286265

Demnach beruht die chemische Industrie der Vereinigten Staaten zum überwiegenden Teil auf den Produkten des Bergbaues. Der Wert dieser Rohstoffe übertrifft sogar denjenigen der Rohstoffe für die Metallgewinnung (außer Eisen und Stahl), deren Wert 1905 auf 140 Mill. Dollar veranschlagt wurde, während die Eisen- und Stahlindustrie für 112,6 Mill. Dollar bergmännisch gewonnene Produkte verbrauchte.

Auch diese Tatsache erklärt die außerordentlich engen Beziehungen der chemischen Industrie zum Berg- und Hüttenwesen in den Vereinigten Staaten, das noch außerordentlich große Entwicklungsmöglichkeiten besitzt, besonders wenn man immer mehr dazu übergeht, mit den Materialien sparsam und rationell umzugehen.

Über die Verteilung der chemischen Industrie auf die einzelnen Staaten liegen die Ergebnisse des neuen Zensusberichtes noch nicht vor. Es seien deshalb die Angaben des Zensusberichtes vom Jahre 1905 für die Gruppe „Chemikalien im engeren Sinne“ im folgenden aufgeführt.

	Zahl der Fabriken	Investiertes Kapital	Wert der Produkte	Kosten der Rohmaterialien	Verschiedene Ausgaben
Sämtliche Staaten	275	96621294	75222249	42062611	7592852
California	15	1968880	1123871	700311	109909
Georgia	3	292482	132740	41322	27388
Illinois	14	4280108	2282629	1354969	306119
Indiana	3	143313	273087	188623	18674
Louisiana	3	41258	29467	11146	2857
Maryland	3	1627976	1081778	588897	164988
Massachusetts	14	2651786	3508759	1513524	469446
Michigan	14	14796767	9037450	4402624	1126320
Minnesota	3	98146	53644	9480	13590
Missouri	11	4366417	3278993	2172144	250041
New Jersey	47	16293650	13023629	6630468	1240764
New York	63	23149126	23021705	12958436	2312912
Ohio	18	3654791	4589749	3002610	243096
Pennsylvania	41	20657278	11773719	7265245	1065428
Virginia	4	1056358	490345	163547	77862
Wisconsin	5	194072	265457	137414	58126
Alle übrigen Staaten	14	1348886	1255227	921851	105332

	Höhere Beamte			Fabrikarbeiter					
	Männer	Frauen	Gehälter derselben	Männer über 16 Jahr.	Löhne	Frauen über 16 Jahr.	Löhne	Kinder unter 16 Jahr.	Löhne
Sämtl. Staaten	2240	271	3144632	18651	10482559	1081	291019	74	16202
California	20	10	31776	258	188764	1	520	—	—
Georgia	13	1	13100	29	12180	1	270	—	—
Illinois	105	8	165819	711	388260	10	3880	—	—
Indiana	6	—	7344	70	35434	—	—	—	—
Louisiana	—	1	400	7	5881	1	100	2	510
Maryland	29	7	34564	323	141197	—	—	—	—
Massachusetts	74	16	122248	777	479551	77	23306	6	1360
Michigan	276	28	337131	3246	1835678	76	9966	11	2470
Minnesota	5	4	8136	8	5504	—	—	—	—
Missouri	137	31	176951	505	275657	102	27022	33	6994
New Jersey	355	29	520362	3141	1727338	445	123125	11	2482
New York	704	74	966954	4765	2624701	197	52448	5	807
Ohio	220	25	310363	1023	651032	2	676	—	—
Pennsylvania	222	36	369853	3213	1843631	154	46510	6	1579
Virginia	21	—	22208	301	121404	—	—	—	—
Wisconsin	29	—	23195	50	26036	15	3196	—	—
Alle übrigen Staaten	24	1	34228	224	120311	—	—	—	—

Was die Verteilung dieser Unternehmungen in bezug auf ihr Kapital und die gesellschaftliche Form der Betriebsart anbetrifft, so ist darüber im Zensusbericht von 1905 folgendes angeführt:

Von den 275 Betrieben entfielen 207 auf Aktiengesellschaften, 38 auf Firmen mit mehreren Inhabern und nur 30 auf Einzelunternehmungen. Ganz entsprechend betrug auch das Kapital der Aktiengesellschaften rund 65,8 Mill. Dollar, während auf die beiden übrigen Unternehmungsformen nur 7,85 bzw. 1,58 Mill. Dollar kamen. In welcher Weise aber auch in Amerika die großen Unternehmungen in der chemischen Industrie überwiegen, ergibt sich auch beim Vergleich der in den einzelnen Werken hergestellten Produkte und ihres Wertes.

Wert der in einer Fabrik hergestellten Produkte	Zahl der Fabriken	Gesamtwert in Dollar
Weniger als 5000 Dollar	17	48776
5000 bis 20000 „	46	531215
20000 bis 100000 „	95	4722925
100000 bis 1000000 „	99	33622414
Über 1000000 „	18	36296917

Was die Menge und den Wert der einzelnen chemischen Produkte anbetrifft, so gibt darüber eine spezialisierte Angabe der Zensusberichte von 1900, 1905 und 1910 Aufschluß.

Chemikalien.		Menge 1909	Menge 1904	Menge 1899	Wert in 1000 Dollar 1909	Wert in 1000 Dollar 1904	Wert in 1000 Dollar 1899
Essigsäure	1000 Pfd.	51967	27001	24946	1136	538	396
Borsäure	„	5554	6957	2685	296	527	198
Citronensäure	„	2102	2266	—	777	599	—
Flußsäure	„	4790	7932	698	215	151	35
Salzsäure	„	128395	127503	116675	1171	1181	1016
Ölsäure	„	13338	—	—	680	—	—
Phosphorsäure	„	25703	991	—	506	68	—
Andere Säuren	„	—	—	—	7146	4519	1516
Produkte der Sodaindustrie.							
Wasserfreie Soda	1000 t	646	519	386	10362	8202	4768
Kristallwasserhaltige Soda	„	76	57	63	973	792	779
Natriumbicarbonat	„	83	69	68	1515	1136	1325
Ätznatron (kaustische Soda)	„	112	80	73	4231	2924	2918
Borax	„	20	21	5,6	1767	2123	502
Andere Salze	„	—	—	—	2566	1682	1304
Kalisalze	1000 Pfd.	1867	5114	3765	89	564	174
Kalialaun	„	7939	—	—	129		
Aluminiumsulfat (alum cake)	„	26885	—	—	274		
Sonstige Alaune	„	—	—	—	2177		
Gesamtwert der „Alaun"-Fabrikation					2578	2127	2014
Destillationsprodukte des Steinkohlenteers	„	—	—	—	2462	341	800
Chemikalien aus Destillationsprodukten des Steinkohlenteers hergestellt	1000 Pfd.	—	—	—	213	504	512
Ferrocyankalium	„	3510	5127	6141	464	683	994
Cyanverbindungen aller Art (vor allem Alkalicyanide)	1000 Pfd.	—	—	—	1478	496	591
Wasserstoffsuperoxyd	„	—	—	—	850	—	—
Bisulfite	100 t	5999	—	—	203	—	—
Sonstige Bleichmaterialien (ausgenommen Chlorkalk u. Hypochlorite, s. unten)	1000 Pfd.	—	—	—	582	778	492

Chemikalien, welche mit Hilfe von elektrischer Energie hergestellt werden.		Menge			Wert in 1000 Dollar		
		1909	1904	1899	1909	1904	1899
Calciumcarbid	1000 Pfd.	121947	—	—	2984	—	
Ätznatron	1000 t	18,2	—	—	985	—	
Chlorate	1000 Pfd.	11569	—	—	940	—	
Hypochlorite	1000 t	68	—	—	1507	—	Gesamtwert 1305
Sonstige Produkte der elektrochemischen Industrie		—	—	—	11540	5897	
Plastische Körper aus Nitrocellulose	1000 Pfd.	6206	—	—	5390	2857	1970
Sonstige plastische Massen	„	10235	—	—	1790	1899	129
Komprimierte Gase		—	—	—	4970	2788	1215
Wasserfreies Ammoniak	1000 Pfd.	11802	—	—	2503	1173	448
Verdichtete Kohlensäure	„	47238	35992	—	2318	1344	696
Stickstoffoxydul (Lachgas)	„	72	—	—	34	—	—
Sauerstoff	„	4778	—	—	98	—	—
Sonstige Gase	„	368	—	—	17	270	71
Alkaloide	1000 Unzen	3482	4949	3388	3188	2926	1743
Goldsalze	„	42,5	59,9	8,6	431	450	90
Silbersalze	„	2028	1744	1253	726	684	499
Platinsalze	„	1,56	19,1	7,3	19	176	55
Chloroform	1000 Pfd.	1861	617	397	473	166	58
Äther	„	1178	661	263	199	335	130
Aceton	„	6724	1300	1639	703	161	178
Sonstige hochwertige Chemikalien		—	—	—	5200	4249	1426
Glycerin	1000 Pfd.	33987	18792	15348	4839	2345	2013
Bittersalz	„	47785	15936	6072	358	146	46
Kupfersulfat	„	811	50	7500	38	2,5	375
Eisensulfat	„	24199	8815	14098	71	28	59
Natriumphosphat	„	116127	12019	3478	500	244	105
Zinnsalze	„	12992	9574	4678	1195	905	470
Zinksalze	„	43205	—	—	1478	—	—
Sonstige Chemikalien		—	—	—	2142	13289	14494
Nebenprodukte u. Rückstände, welche in andere Industrien gehen		—	—	—	4530	5743	—
Gesamtwert		—	—	—	117689	75222	46747

Die Wertangaben des Jahres 1909 bedürfen aber noch einer Erweiterung, da chemische Produkte auch in anderen Industriezweigen, die nicht unter die Bezeichnung „Chemikalien im engeren Sinne" fallen, hergestellt werden.

Der Gesamtwert dieser Produkte ist nach den letzten Zensusangaben auf 8,3 Mill. Dollar zu beziffern. Ebenso ist der Zahl des Jahres 1904 noch ein Zuwachs von rund 3 Mill. Dollar zu addieren.

Die wichtigsten Produktionszahlen für das Jahr 1909, welche demnach noch mitgezählt werden müssen, enthält die folgende Tabelle:

		Menge	Wert in 1000 Doll.
Essigsäure	1000 Pfd.	4960	201
Flußsäure	„	2052	80
Salzsäure	„	74806	587
Ölsäure	„	2959	165
Stearinsäure	„	5095	399
Wasserfreie Soda	1000 t	10,8	184
Sonstige Soda	„	76	1836
Kalisalze	„	14294	525

		Menge	Wert in 1000 Doll.
Alaune	1000 Pfd.	49450	443
Celluloid	„	293	283
Aceton	„	2008	210
Glycerin[1]	„	1023	123
Kupfervitriol	„	20363	720
Zinksalze	„	4313	104

Der auswärtige Chemikalienhandel der Vereinigten Staaten.

Der auswärtige Handel der Vereinigten Staaten mit Chemikalien und verwandten Produkten betrug nach den offiziellen Angaben des Statistischen Bureaus in Washington für das am 30. Juni 1910 endende Fiskaljahr 228,55 Mill. Dollar, d. h. 6,9% des gesamten auswärtigen Handels, dessen Gesamtwert in dem gleichen Fiskaljahr rund 3,3 Milliarden Dollar betrug. Der Wert der Einfuhr von Chemikalien und verwandten Produkten stellte sich auf 143,96 Mill. Dollar, entsprechend 9,31% der gesamten Einfuhr. Die Ausfuhr an chemischen Produkten dagegen betrug 84,59 Mill. Dollar oder 4,94% der gesamten Ausfuhr.

Es ist außerordentlich bemerkenswert, daß unter den Einfuhrprodukten die Chemikalien an erster Stelle stehen. Ihnen folgen mit einem prozentualen Anteil von 7,21% heute Felle und Pelze, sowie Zucker mit 6,83%; auch hieraus kann man ermessen, wie groß der Verbrauch an Chemikalien in der ausgebreiteten gewerblichen Tätigkeit der Vereinigten Staaten geworden ist, und gleichzeitig geben diese Zahlen auch Aufschluß darüber, wie vielseitig die chemisch-industrielle Tätigkeit bereits in Amerika geworden ist.

Eine statistische Übersicht über die Entwicklung des amerikanischen Handels von den frühesten Zeiten bis zur Gegenwart ist dadurch außerordentlich erschwert und zum Teil unmöglich, daß es an durchaus vergleichbaren Daten fehlt. Bis zum Jahre 1820 einschließlich wurden Chemikalien bei der Einfuhr in den Vereinigten Staaten nur ihrer Menge nach aufgeführt, ohne Angabe des Wertes, und von dieser Zeit an bis zur Errichtung eines besonderen statistischen Bureaus im Jahre 1867 fehlte es an einer ausführlichen und genügend klassifizierten Aufführung der Chemikalien in einer einheitlichen Tarifposition. Eine weitgehende Klassifizierung der Exportstatistik wurde bereits bedeutend früher durchgeführt, und zwar bereits am Anfang des 19. Jahrhunderts; diese Zahlen gestatten, obwohl sie keineswegs vollständig und genügend spezialisiert sind, doch in gewissem Umfange einen Vergleich mit der späteren Statistik.

Unter den Ausfuhrprodukten dieser Zeit waren besonders wichtig rohe Pottasche, Seifen und auch Indigo, der im Anfang des 18. Jahrhunderts in ziemlicher Menge in den Vereinigten Staaten angepflanzt wurde. Die Indigokultur war seinerzeit durch die Gewährung von Prämien vor dem Unabhängigkeitskrieg sehr begünstigt worden, aber bereits

[1] Hierzu kommen aber noch 52,5 Mill. Pfund im Werte von 6,86 Mill. Doll., welche in der Industrie der Seifen hergestellt werden.

in der ersten Hälfte des 19. Jahrhunderts wurde der Anbau als nicht lohnend wieder aufgegeben.

Die weiter unten in Tabellen angegebenen Zahlen enthalten in der Ein- und Ausfuhrstatistik nur Wertzahlen. Man kann demgegenüber mit Recht einwenden, daß ein solches Verfahren nicht genügend Rücksicht auf die Entwicklung des internationalen Handels nimmt, weil sie die oft bedeutenden Preisschwankungen nicht genügend zum Ausdruck bringen, was besonders ins Gewicht fällt, wenn man zeitlich auseinanderliegende Perioden vergleicht. Eine Ergänzung dieser Zahlen durch die Mitteilung von Mengen der ein- und ausgeführten Waren ist leider für längere Zeiträume nicht möglich, und aus diesem Grunde hat man sich auf die Wertzahlen beschränkt. In dem dritten Abschnitt, in dem die Handelsbeziehungen Deutschlands mit den Vereinigten Staaten auf Grund der deutschen Statistik behandelt werden, sind jedoch Mengen und Werte zusammen angegeben.

Eine Übersicht über die Entwicklung des Handels mit Chemikalien für die Jahre 1821, 1830, 1840, 1850 und 1860 ist durch das Statistische Bureau in Washington zum Teil unter Neuberechnung der in den ursprünglichen Handelsnachweisen angegebenen Zahlen angestellt worden. Die Tabelle ist unvollständig, da in den Gesamtein- und -ausfuhrzahlen die nicht genügend spezialisierte Gruppe „alle übrigen nicht besonders genannten Chemikalien“ enthalten ist. Aber für einige Chemikalien gibt die Tabelle doch eine genügende Übersicht, und sie zeigt den steigenden Verbrauch an chemischen Produkten während der ersten Hälfte des 19. Jahrhunderts. Bemerkenswert erscheint es, daß bereits im Anfang der industriellen Entwicklung die chemische Industrie in den Vereinigten Staaten die notwendige Menge Schwefelsäure selbst herstellte und somit der kostspielige Bezug dieser Säure auf dem Seewege niemals eine größere Bedeutung gewinnen konnte.

Einfuhr	1821	1830	1840	1850	1860
Schwefel u. Schwefelerz	29446	17240	65751	—	407445
Schießpulver	12416	20488	4521	2159	2114
Ferrosulfat	1581	—	73	4022	19077
Alaun	3741	—	9	7659	54308
Magnesium- u. Natriumsulfat	—	111	142	—	—
Soda	—	66222	111607	714718	2451324
Chlorkalk	—	—	—	175628	437797
Schwefelsäure	—	—	747	—	27
Andere Säuren	—	—	—	—	252194
Weinstein	—	—	—	—	109703
Kupfersulfat	—	—	—	165000	8220
Borax	—	—	—	—	57162
Salpeter, roh u. raffiniert	—	32214	390435	713742	1100157
Opium	—	119074	40874	362605	540543
Chininsulfat	—	—	—	6487	3617
Bleiessig	—	11846	11385	18897	22623
Farben u. Pigmente	322568	39776	80277	94693	751950
Gerbstoffextrakte u. Farbhölzer	—	279411	476310	478112	1900050
Indigo	704412	715715	1121701	903031	1413790
Cochenille	—	—	—	—	1043937
Seife	242516	3310	13859	97372	245943
Gesamteinfuhr	1316680	1305407	2317691	3595625	10821981

Ausfuhr:	1821	1830	1840	1850	1860
Chemikalien, Drogen usw. . . .	934346	1197281	655586	907659	1938275
Holzaschen u. Laugen	952454	1105127	533193	572870	822820
Seifen.	661409	619238	451995	664963	454405
Gesamtausfuhr	2548209	2921646	1630774	2135492	3215500

In der folgenden Tabelle ist dann die Einfuhr von Chemikalien und verwandten Produkten von 1870 bis 1910 aufgeführt, wobei die Hauptgruppen besonders hervorgehoben sind. Auch hier darf man nicht übersehen, daß seit 1870 erhebliche Veränderungen in der Klassifizierung der einzelnen Chemikalien eingetreten sind; es sind deshalb auch nur eine Reihe von spezifischen Gruppen miteinander völlig vergleichbar. Das bedeutende Sinken in der Einfuhr von Färbematerialien im Jahre 1890 gegenüber dem Jahre 1880 rührt nicht von einem geringeren Verbrauch her, es erklärt sich vielmehr durch den damals eintretenden Ersatz der natürlichen Farbstoffe aus Pflanzen durch die künstlichen Produkte, welche aus Steinkohlenteerderivaten hergestellt werden. Diese Farbstoffe zeichnen sich vor den Pflanzenfarbstoffen durch eine bedeutend größere Ergiebigkeit aus, und als im Laufe der Zeit auch der Preis dieser künstlichen Farbstoffe immer mehr sank, mußte naturgemäß in dem Gesamtwert der von Amerika für Färbereimaterialien ausgegebenen Beträge ein Rückgang auftreten.

Ein- und Ausfuhr von Chemikalien und ähnlichen Produkten in den Jahren 1870, 1880, 1890, 1900 und 1910.

Einfuhr (in 1000 Dollar):	1870	1880	1890	1900	1910
Chemikalien im engeren Sinne .	14882	25632	28771	37559	63388
Ätherische Öle	378	944	1065	1706	2128
Gummen u. Harze	—	4648	5698	6535	13074
Gerb- u. Farbstoffmaterialien . .	6058	9380	6943	8897	14274
Darunter:					
Indigo	—	2776	2025	1482	1124
Kohlenteerfarbstoffe	—	976	1814	4792	6016
Farbhölzer	—	1914	1723	894	469
Anorgan. Farben u. Pigmente .	1125	1066	1338	1516	1915
Firnisse u. Lacke	88	163	93	104	71
Parfümeriewaren u. Kosmetika .	284	—	415	522	1209
Seifen.	297	695	547	619	761
Summe der Einfuhr	23123	42527	44870	57459	96820
Ausfuhr:					
Chemikalien im engeren Sinne .	2116	3470	5507	12705	19214
Ätherische Öle	288	220	223	256	548
Färbematerialien	1219	913	981	876	1830
Anorgan. Farben u. Pigmente .	110	232	578	1902	4727
Firnisse u. Lacke	47	96	216	620	976
Parfümeriewaren	280	303	—	350	824
Seifen.	627	729	1109	1774	3602
Summe der Ausfuhr	4687	5962	8615	18493	31740

Noch übersichtlicher ergibt sich die Steigerung des amerikanischen Ein- und Ausfuhrhandels aus den folgenden Diagrammen.

Zur Erklärung des zweiten Diagramms seien auch noch die jährlichen Durchschnittswerte von 1871 an in Zeiträumen von 5 Jahren für die Ein-

und Ausfuhr von Chemikalien angegeben, und zwar beziehen sich diese Zahlen nur auf Chemikalien im engeren Sinne und Farben. In der Tabelle

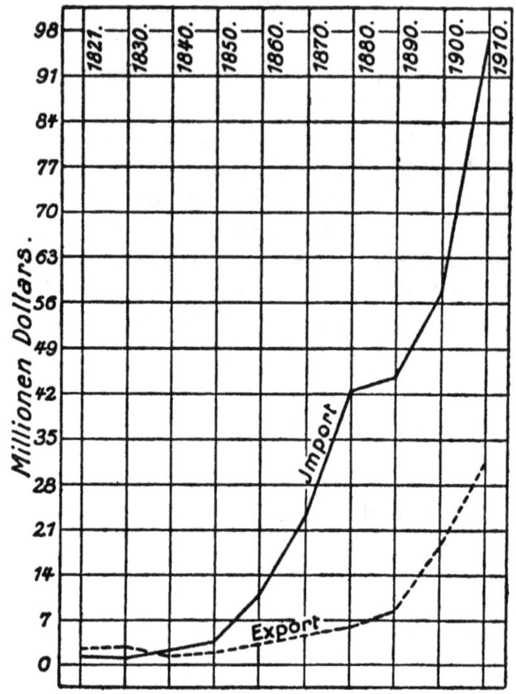

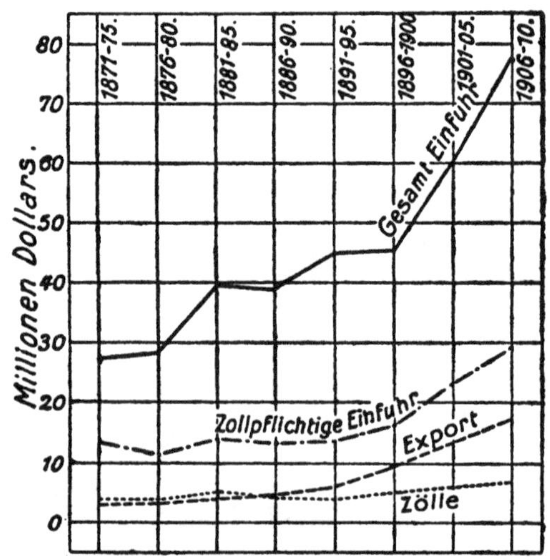

und in den Diagrammen ist dabei unterschieden zwischen Produkten, welche zollfrei eingeführt werden und solchen, welche verzollt werden müssen; ferner ist auch der Betrag der Zölle aufgeführt.

	Gesamteinfuhr in 1000 Doll.	Proz. der verzollten Einfuhr	Betrag der Zölle in 1000 Doll.	Ausfuhr in 1000 Doll.
1871—1875	27588	48,79	3709	2930
1876—1880	28523	39,70	3212	3184
1881—1885	39897	35,06	4636	4133
1886—1890	39516	33,75	4733	4788
1891—1895	45019	30,41	4270	6107
1896—1900	45560	35,52	4853	9739
1901—1905	60454	38,32	6270	13297
1906—1910	78740	37,11	7118	17462

Was die Einteilung der chemischen Produkte anbetrifft, so unterscheidet man nach dem Zustand der Bearbeitung folgende drei Hauptgruppen:

I. Rohmaterialien, nicht bearbeitet.
II. Halbfabrikate.
III. Fertigfabrikate.

Eine weitere Einteilung nach dem chemischen Charakter der einzelnen Produkte ist ferner in Gebrauch für:

Gruppe A. Chemikalien im engeren Sinne.
Gruppe B. Zum medizinischen Gebrauch, Seifen, Parfümerien, Toilette-artikel.
Gruppe C. Chemikalien zum Färben und Gerben.
Gruppe D. Fette, Öle und Ölsaaten für industrielle Zwecke.
Gruppe E. Schuhwichse, Tinten, Mineralfarben, Lacke und Firnisse.
Gruppe F. Gelatine, Leim und plastische Massen, einschl. Celluloid.
Gruppe G. Düngemittel.

Die Tabelle auf S. 16 gibt eine Zusammenfassung der Einfuhr in diesen einzelnen Gruppen unter gleichzeitiger Hervorhebung, zu welcher Klasse die einzelnen Chemikalien gehören, und zwar für die Jahre 1900 und 1910.

Die Gesamteinfuhr hat demnach mit einer Steigerung von 68,35 Mill. Dollar im Jahre 1900 auf 143,96 Mill. Dollar im Jahre 1910, in diesem Zeitraum um 110% zugenommen, während die Erträge der erhobenen Zölle von 8,5 auf 12,26 Mill. Dollar nur um 44% gestiegen sind. Vergleicht man den Prozentgehalt der zollpflichtigen Einfuhr für diese Jahre, so findet man sogar einen Rückgang von 40,8 auf 36,5%. Dieser Rückgang erklärt sich nur zum Teil durch die Änderungen des Zollgesetzes im Jahre 1909; in der Hauptsache ist er der ständigen Vermehrung der Einfuhr von Rohmaterialien oder Halbfabrikaten zuzuschreiben, die entweder zollfrei eingehen oder deren Zollbelastung nur eine verhältnismäßig niedrige ist. Wir finden also in Amerika ganz ähnliche Verhältnisse wie in Deutschland, wo ebenfalls dem industriellen Aufschwung in der chemischen Industrie eine bedeutende Steigerung der Einfuhr an Rohmaterialien gefolgt ist. Besonders stark ist die Steigerung der Einfuhr in den Gruppen D und G = Fette und Öle, sowie Düngemittel, wo sich die Einfuhr dem Werte nach um 370 bzw. 280% in dem verhältnismäßig kurzen Zeitraum von 10 Jahren gehoben hat.

Gruppe und Art der Verarbeitung	1910 Gesamteinfuhr Dollar	1910 Zollfrei Dollar	1910 Zollpflichtig Dollar	1910 Zölle Dollar	1910 Proz. zollpflichtige Waren	1900 Gesamteinfuhr Dollar	1900 Zollfrei Dollar	1900 Zollpflichtig Dollar	1900 Zölle Dollar	1900 Proz. zollpflichtige Waren
Gesamtmenge . .	143961022	91405602	52555420	12259139	36,5	68349955	40448857	27901098	8525487	40,8
I. Rohstoffe . .	79410599	64177891	15232708	2317330	19,2	34710092	30564037	4146055	773408	11,9
II. Halbfabrikate.	43620235	24915479	18704756	4350189	42,9	19185804	6595135	12590669	3321265	60,6
III. Fertigfabrikate	20930188	2312232	18617956	5591620	89,0	14454059	3289685	11164374	4430814	77,2
Einzelne Gruppen:										
Gruppe A.	21448405	10522597	10925826	2075573	51,0	15628417	7594203	8034214	1939370	51,5
I.	8769622	8338665	430957	101067	—	6446408	6397042	49366	12587	
II.	12677163	2183914	10493249	1973320	—	9182009	1197161	7984848	1926783	
III.	1620	—	1620	1186	—	—	—	—	—	
Gruppe B.	21561621	8538718	13022903	3500306	60,4	16305029	7769003	8536026	3254064	52,3
I.	11941572	7381761	4559811	697072	—	9469941	6358538	3111403	557291	
II.	919283	687815	231468	62040	—	496036	338606	157430	115162	
III.	8700766	469142	8231624	2741188	—	6339052	1071859	5267193	2581611	
Gruppe C.	15974528	5941034	10033494	2641765	62,8	9721384	4245550	5475834	1631781	56,3
I.	3934373	3380468	553905	69650	—	1630202	1326848	303354	42138	
II.	914579	717476	197103	98154	—	870346	700876	169470	119010	
III.	11125576	1843090	9282486	2473961	—	7220836	2217826	5003010	1470633	
Gruppe D. . . .	32987483	18568884	14418599	2762867	43,9	7091739	4721697	2370042	550806	33,4
I.	10198783	510748	9688035	1449535	—	1050716	368784	681932	161392	
II.	22788700	18058136	4730564	1313332	—	6041023	4352913	1688110	389414	
Gruppe E.	11185455	9098608	2086847	641475	18,2	7238107	5475877	1762230	578006	24,3
I.	9088004	9088004	—	—	—	5470298	5470298	—	—	
II.	1997740	10604	1987136	617315	—	1625188	5579	1619609	542701	
III.	99711	—	99711	24160	—	142621	—	142621	35305	
Gruppe F.	4818897	2923921	1894972	615479	39,1	2996794	1697138	1299656	520994	43,4
I.	2619920	2619920	—	—	—	1697138	1697138	—	—	
II.	1196462	304001	892461	264354	—	548106	—	548106	177729	
III.	1002515	—	1002515	351125	—	751550	—	751550	343265	
Gruppe G. . . .	35984633	35811858	172775	21674	0,4	9368485	8945389	423096	50466	4,5
I.	32858325	32858325	—	—	—	8945389	8945389	—	—	
II.	3126308	2953533	172775	21674	—	423096	—	423096	50466	

Einen interessanten Vergleich des Ein- und Ausfuhrhandels bezüglich der Hauptgruppen A bis G (Summenzahlen), und nach Ländern geordnet, bietet ferner die folgende Tabelle:

	Gesamtmenge		Gruppe A	
	Import Dollar	Export Dollar	Import Dollar	Export Dollar
Alle Länder	143276723	84584374	29353704	12203626
Europa	86742140	50171109	24851857	4048074
Belgien	2257136	3904190	745621	701333
Frankreich	10203224	2535550	2465277	582737
Deutschland	35046774	9855836	8469632	831950
Italien	4519248	3129352	899438	94480
Holland	2118781	7831948	360398	351892
Schweiz	955349	39016	197491	6589
England	23584960	18391604	7069075	1319839
Sonstige Länder	8056668	4483613	4644925	159254
Nordamerika	10271407	19448227	1526798	5514547
Kanada, Labrador und Neufundland	6889311	8979167	1033558	2474040
Kuba	214441	3383957	28132	1002810
Mexiko	1743731	3958641	161862	1435983
Sonstige Länder	1423924	3126462	303246	601714
Südamerika	28252672	7466746	531887	1300542
Asien	14862016	3408195	2001823	546419
Ozeanien	2345869	3027074	90994	662035
Afrika	802619	1063023	350345	132009

	Gruppe B		Gruppe C	
	Import Dollar	Export Dollar	Import Dollar	Export Dollar
Alle Länder	15763542	13428961	14263180	786942
Europa	8784425	4658632	9447177	306207
Belgien	9780	49026	160166	51537
Frankreich	2855759	147800	113906	20413
Deutschland	1242847	308112	7513429	62856
Italien	1760664	35273	363763	17772
Holland	327086	35310	37132	16368
Schweiz	35193	6034	693016	—
England	661121	3896840	537006	125269
Sonstige Länder	1891975	180237	28759	11992
Nordamerika	3770972	3383144	557274	424396
Kanada, Labrador und Neufundland	1634572	1218557	102244	417790
Kuba	143558	621924	—	323
Mexiko	1440213	332849	13641	4295
Sonstige Länder	552629	1209814	441389	1988
Südamerika	1501485	2228672	3864586	7011
Asien	1435909	1877832	128623	15481
Ozeanien	176052	901548	1	33512
Afrika	94699	379133	265519	335

	Gruppe D		Gruppe E	
	Import Dollar	Export Dollar	Import Dollar	Export Dollar
Alle Länder	32865924	40791019	11713391	6929861
Europa	19954483	29343335	3705295	3265143
Belgien	539042	2554581	75775	88254
Frankreich	3505835	775126	377511	350297
Deutschland	4104713	5585373	1293619	470603
Italien	1230190	2296448	51233	101735
Holland	1220510	6333333	75554	142252
Schweiz	29120	9200	529	17162
England	8335258	9078507	1565722	1795544
Sonstige Länder	989815	2710767	265352	299296
Nordamerika	3258057	6643393	89794	2004960
Kanada, Labrador und Neufundland	3178733	3231836	34386	905872
Kuba	10043	799703	24	383317
Mexiko	43912	1697373	2172	413475
Sonstige Länder	25369	914481	53212	302296
Südamerika	5578473	3350534	818	550351
Asien	3924056	454849	6122118	221749
Ozeanien	80902	558146	1775443	779596
Afrika	69953	440762	19923	108062

	Gruppe F		Gruppe G	
	Import Dollar	Export Dollar	Import Dollar	Export Dollar
Alle Länder	4023514	1742925	35293468	8700640
Europa	2685973	1364506	17312930	7184812
Belgien	193424	10952	533328	448107
Frankreich	611496	37543	273440	621634
Deutschland	560732	216075	11861802	2380867
Italien	212080	3124	1880	580520
Holland	3575	1948	94526	950845
Schweiz	—	31	—	—
England	948194	1091100	4468584	1084505
Sonstige Länder	156472	3733	79370	1118334
Nordamerika	77207	251495	991305	1226292
Kanada, Labrador und Neufundland	51091	206077	854727	524995
Kuba	23841	16072	8843	559808
Mexiko	1973	17452	79958	57214
Sonstige Länder	302	11894	47777	84275
Südamerika	69025	24367	16706398	5269
Asien	1171026	8914	78461	282951
Ozeanien	18103	91671	204374	566
Afrika	2180	1972	—	750

Sehr deutlich ergibt sich auch die Steigerung im Ein- und Ausfuhrhandel aus der nebenstehenden Abbildung.

Die Einfuhr aus Deutschland, Frankreich und Italien umfaßt Produkte aller Art in den verschiedenen Stadien ihrer Verarbeitung, während die Einfuhr aus England und den Niederlanden auch wieder-exportierte Waren enthält; besonders hoch ist die Einfuhr aus der Schweiz, die im Jahre 1910 im ganzen 955000 Dollar betrug und im wesentlichen Chemikalien aus der Gruppe A und C enthielt. Hingegen war der amerikanische

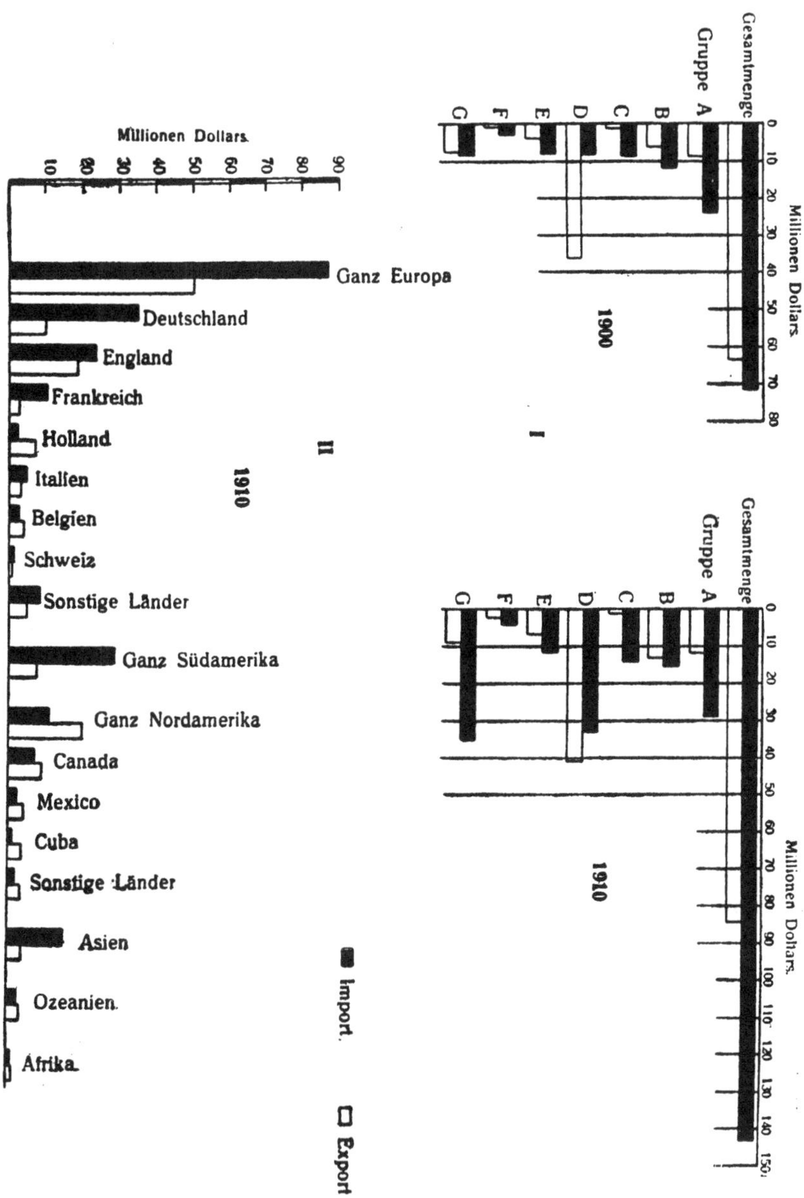

Chemikalien-Import und Export nach Ländern und Gruppen geordnet.

Export nach der Schweiz recht unbedeutend und erreichte nur einen Wert von 39000 Dollar. Von der Gesamteinfuhr aus Europa, die 1910 86742146 Dollar betrug, d. h. über 60% der Gesamteinfuhr, entfielen auf

Deutschland	24,5%
England	16,5%
Frankreich.	7,0%
Italien	3,6%
Alle sonstigen Länder Europas . . .	9,0%

Die Einfuhr von Chemikalien aus außereuropäischen Ländern nach den Vereinigten Staaten, die im Jahre 1910 rund 40% der Gesamteinfuhr betrug, umfaßt fast ausschließlich Rohmaterialien für alle möglichen gewerblichen Zwecke. Während die Einfuhr aus Europa von 49 auf 86,75 Mill. Dollar von 1900 bis 1910, d. h. um ungefähr 75% stieg, betrug die Steigerung der Einfuhr aus außereuropäischen Ländern annähernd 153% (1900 = 22,3 und 1910 = 56,5 Mill. Dollar), und diese Zahl würde wahrscheinlich noch viel größer erscheinen, wenn nicht ein bedeutender Teil dieser Rohstoffeinfuhr nach Amerika auf dem Umwege über englische und niederländische Häfen gelangte und infolgedessen der Einfuhr dieser Länder zugerechnet würde.

Der Export nach außereuropäischen Ländern betrug im Jahre 1910 mit 34,4 Mill. Dollar ungefähr 40% der Gesamtausfuhr. Die Hauptmenge dieses Exports, nämlich für 26,9 Mill. Dollar, ging nach Nord- und Südamerika. Fast alle exportierten Waren gehörten zur Gruppe der Fertigfabrikate und Spezialitäten. Sehr gestiegen ist vor allem der Export nach den zu Nordamerika gerechneten Ländern. Bei einer Steigerung von 8,7 Mill. Dollar im Jahre 1900 auf 19,45 Mill. Dollar im Jahre 1910, d. h. um 123%, nahm Kanada allein Waren im Werte von 8,98 Mill. Dollar auf, und der Rest verteilte sich fast gleichmäßig auf Kuba, Mexiko und die übrigen nordamerikanischen Republiken. Sehr gestiegen ist auch die Ausfuhr nach Südamerika (von 2,9 auf 7,47 Mill. Dollar, d. h. um 156%) und nach Asien, vor allem nach Japan und China (von 1,71 auf 3,41 Mill. Dollar, d. h. um 100%).

Nach einer interessanten Zusammenstellung von Macfarlane in der Zeitschrift „Commercial America" (Märzheft 1912) betrug im Jahre 1911 die Ein- und Ausfuhr von Chemikalien in den drei wichtigsten Industriestaaten der Welt, in Deutschland, England u. den Vereinigten Staaten, in Millionen Dollar:

Deutschland	Einfuhr	104,2
	Ausfuhr	178,9
England	Einfuhr	55,4
	Ausfuhr	97,2
Vereinigte Staaten	Einfuhr	96,9
	Ausfuhr	24,2

Obwohl diese Zahlen nur einen ungefähren Vergleichswert besitzen, zeigen sie mit voller Deutlichkeit, daß Deutschland zurzeit das bedeutendste Exportland für Chemikalien ist, das zugleich aber auch hinsichtlich der Einfuhr an erster Stelle steht.

In der folgenden Tabelle ist endlich noch eine spezialisiertere Übersicht der Ein- und Ausfuhr der Vereinigten Staaten an Chemikalien und verwandten Produkten für das Jahr 1910 gegeben, wobei gleichzeitig eine Einteilung nach den oben erwähnten industriellen Gruppen und nach den Verschiffungsländern zugrunde gelegt ist. Die Zusammenstellung enthält nur die wichtigsten Gruppen einzeln aufgeführt zur schnellen Orientierung. Alle Angaben beziehen sich auf 1000 Dollar.

Einfuhr.

Gruppe A.	Alle Länder	Europa	Belgien	Frankreich	Deutschland	Italien	Holland	Schweiz	England	Sonstige Staaten
Chemikalien u. Drogen	542	524	18	—	250	—	—	3	245	—
Arsenige Säure	228	166	14	—	104	—	—	—	42	—
Kohlenteerprodukte (nicht zu medizinischem Gebrauch u. nicht Farben)	2174	2086	6	—	439	—	—	—	1641	—
Sonstige Kohlenteerprodukte	1018	1016	34	1	772	—	—	—	200	—
Präparate aus Steinkohlenteer	630	628	4	7	555	—	2,5	11	47	—
Fuselöl u. Amylalkohol	598	585	32	31	108	12	1	—	146	—
Glycerin	3666	3506	354	1342	99	210	203	8	1144	—
Chlorkalk u. Bleichmittel	750	750	7	15	150	—	2	—	576	—
Pottasche	567	567	61	64	384	—	—	—	13	—
Ätzkali	358	354	18	22	257	—	2,5	—	34	—
Soda u. Ätznatron	474	472	15	8	—	—	—	—	—	—
Schwefel u. Schwefelerz (roh)	504	242	—	—	—	215	—	—	—	—
Sonstige Chemikalien:										
Zollfrei	4464	2551	25	352	695	194	40	2	805	—
Verzollt	8123	7478	107	567	4426	194	62	172	744	—
Gesamtwert der Produkte von Gruppe A.	29354	24852	476	2465	8470	899	361	198	7069	— Nordamerika 1033 Südamerika 532 Asien . . . 2002 Afrika . . . 350 Australien . 90

Gruppe B.	Alle Länder	Europa	Belgien	Frankreich	Deutschland	Italien	Holland	Schweiz	England	Sonstige Staaten
Roher Weinstein	2201	2026	—	854	1	1052	—	—	14	—
Rohes Jod	1501	—	—	—	—	—	—	—	—	Südamerika (Chile) . . 1501
Citronensaurer Kalk	527	465	—	—	—	465	—	—	—	—
Mineralwasser	995	983	—	—	320	4	—	—	191	—
Chininsalze u. andere Alkaloide	411	382	—	4,5	284	—	91[1]	—	2	—
Parfümerien u. Toiletteerzeugnisse	1215	1194	1	1044	74	8	—	—	57	—
Toiletteseifen (parfümiert)	499	476	—	125	25	158	—	—	121	—
Sonstige Seifen	247	242	2	90	11	57	—	—	172	—
Gesamtwert der Produkte von Gruppe B.	15763	8784	10	2856	1243	1761	327	35	661	Nordamerika 3770 Südamerika 1501 Asien . . . 1436 Afrika . . . 95 Australien . 176

[1] und 221 Chinarinde.

Einfuhr.

	Alle Länder	Europa	Belgien	Frankreich	Deutschland	Italien	Holland	Schweiz	England	Sonstige Staaten
Gruppe C.										
Alizarin u. Alizarinfarben	648	648	—	—	634	—	—	—	—	—
Anilinsalze	516	516	13	2	431	—	13	—	14	—
Kohlenteerfarben	6011	6004	64	64	4932	—	16	688	50	—
Farbhölzer, Blauholz usw.	368	3	—	—	3	—	—	—	239	—
Farbholzextrakte	198	105	—	—	4	—	—	5	—	—
Indigo	1196	1129	—	—	1024	4	—	—	52	—
Quebracho-Extrakt	3022	222	60	—	70	—	—	—	32	Südamerika (Argentinien) 2796
Mangroverinde	403	378	—	—	377	—	—	—	—	—
Quebracho-Holz	1059	—	—	—	—	—	—	—	—	Südamerika (Argentinien) 1053
Gesamtwert der Produkte von Gruppe C.	14263	9447	160	114	7513	364	37	693	537	Nordamerika 557 Südamerika 3865 Asien . . . 129 Afrika . . . 266
Gruppe D.										
Fischöle	728	409	20	2	10	—	—	—	240	—
Kokosnußöl	3341	1418	38	648	12	—	—	—	719	—
Erdnußöl	2440	1555	28	1260	—	3	227	—	36	—
Palmöl	5591	5591	—	86	2060	—	—	—	3444	—
Olivenöl	478	418	—	71	34	72	—	—	20	—
Sonstige Öle:										
Zollfrei	2491	2255	37	47	380	1	17	—	1760	—
Verzollt	462	406	50	20	53	4	86	—	191	—
Ätherische Öle	—	—	—	—	—	—	—	—	—	—
Citronenöl	309	309	—	1	6	302	—	—	—	—
Sonstige ätherische Öle:										
Zollfrei	1177	878	2	282	129	152	42	19	105	—
Verzollt	660	601	3	285	162	95	2	10	42	—
Oleostearin	901	896	—	164	33	122	381	—	180	—
Ricinussamen	831	576	—	—	—	—	—	—	575	—
Leinsaat	8549	345	326	—	—	—	—	—	18	—
Sonstige Ölsaaten:										
Zollfrei	2423	2037	—	149	1016	39	337	—	340	—
Verzollt	750	647	—	204	116	15	91	—	177	—
Gesamtwert der Produkte von Gruppe D.	32866	19954	539	3506	4105	1230	1220	29	8335	Nordamerika 3258 Südamerika 5578 Asien . . . 3924

Einfuhr.

	Alle Länder	Europa	Belgien	Frankreich	Deutschland	Italien	Holland	Schweiz	England	Sonstige Staaten
Gruppe E.										
Gummi, Kopal, Kauri, Dammar usw.	2962	279	25	6	1	—	20	—	226	—
Gambir	1255	72	6	—	6	—	—	—	59	—
Schallack	3878	34	—	—	4	—	2	—	30	—
Sonstige Harze	1445	1174	4	82	340	—	—	—	528	—
Farben, Pigmente usw.	1914	1890	39	253	928	51	52	—	518	—
Gesamtwert der Produkte von Gruppe E.	11719	3705	76	378	1293	51	75	—	1566	Asien . . . 6122 Australien . 1775
Gruppe F.										
Campher (roh)	922	26	—	—	—	—	—	—	25	—
Campher (gereinigt u. synthetisch)	180	27	—	—	12	—	—	—	14	—
Leim	862	860	76	219	187	—	—	—	305	—
Gesamtwert der Produkte von Gruppe F.	4024	2686	193	611	561	212	4	—	948	Asien . . . 1711
Gruppe G.										
Schwefelsaures Ammoniak	3099	2895	—	—	95	—	12	—	2749	—
Chlorkalium	5641	5637	—	—	5635	—	—	—	—	—
Schwefelsaures Kali	1412	1407	—	—	1393	—	—	—	—	—
Guano	846	549	—	—	136	—	—	—	388	—
Rohphosphate	153	15	14	—	—	—	—	—	1	—
Sonstige Düngemittel	7373	6714	467	273	4603	2	79	—	1254	—
Chilesalpeter	16548	23	5	—	—	—	—	—	18	—
Gesamtwert der Produkte von Gruppe G.	35294	17313	533	273	11862	2	95	4	4469	Südamerika (Chile) 16225

Ausfuhr.

	Alle Länder	Europa	Belgien	Frankreich	Deutschland	Italien	Holland	Schweiz	England	Sonstige Staaten
Gruppe A.										
Säuren (außer Schwefelsäure)	405	24	2	2	6	—	—	—	13	—
Methylalkohol	582	550	43	8	259	—	71	—	169	—
Calciumcarbid	695	—	—	—	—	—	—	—	—	Nordamerika 420 Südamerika 236
Kupfersulfat	188	51	—	—	—	51	—	—	—	—
Essigsaurer Kalk	1423	1334	611	29	336	45	231	—	40	—
Schwefel	864	532	—	471	38	—	—	—	—	—
Chemikalien, Drogen, medizinische Präparate usw. (nicht besonders benannt)	7807	1488	40	68	189	17	45	7	1053	—
Gesamtwert der Produkte von Gruppe A.	12204	4048	701	583	832	94	352	7	1320	Nordamerika 5515 Südamerika 1300 Asien . . . 546 Australien . 662 Afrika . . . 132

Ausfuhr.

	Alle Länder	Europa	Belgien	Frankreich	Deutschland	Italien	Holland	Schweiz	England	Sonstige Staaten
Gruppe B.										
Medizinische Präparate (Patentmedizin)	5848	2135	32	36	64	6	8	1	1910	—
Parfümerien u. Toiletteerzeugnisse	824	186	3	21	6	2	4	—	126	—
Seifen (parfümiert)	1480	489	5	27	12	2	4	4	418	—
Sonstige Seifen	2141	965	2	5	2	—	—	—	958	—
Waschpulver	327	174	—	—	—	—	—	—	174	—
Gesamtwert der Produkte von Gruppe B.	13729	4651	49	148	308	35	35	—	3896	Nordamerika 3383
										Südamerika 2229
										Asien . . . 1878
										Afrika . . . 379
										Australien . 902
Gruppe C.										
Gerbextrakte	388	96	7	2	18	6	2	—	55	—
Farben	380	209	44	19	45	11	14	—	70	—
Gesamtwert der Produkte von Gruppe C.	787	306	52	20	63	17	16	—	125	Nordamerika 424
Gruppe D.										
Baumwollsaatöl	14798	10039	105	487	826	1227	3674	—	2168	—
Harz, Kolophonium usw.	9753	7410	717	1	2650	416	847	—	2177	—
Terpentinöl	8780	7216	1181	—	1495	117	1267	—	3133	—
Gesamtwert der Produkte von Gruppe D.	40795	29343	2555	775	5585	2296	6333	9	9078	Nordamerika 6643
										Südamerika 3350
										Asien . . . 455
										Afrika . . . 441
										Australien . 558
Gruppe E.										
Schuhwichse	599	142	6	14	18	2	4	—	81	—
Ruß	680	610	10	78	149	4	27	2	337	—
Zinkoxyd	956	883	19	164	63	32	67	—	374	—
Farben u. Pigmente	3091	925	21	36	82	31	26	14	686	—
Firnisse u. Lacke	976	555	20	53	124	21	17	—	245	—
Tinten	418	123	12	3	33	12	1	1	60	—
Gesamtwert der Produkte von Gruppe E.	6930	3265	88	350	471	102	142	17	1796	Nordamerika 2004
										Südamerika 550
										Asien . . . 222
										Afrika . . . 108
										Australien . 780
Gruppe F.										
Leim	262	179	2	16	63	—	1	—	97	—
Celluloid u. Waren daraus	1189	898	—	3	3	—	—	—	890	—
Vulkanfiber	2192	287	9	18	150	3	1	—	104	—
Gesamtwert der Produkte von Gruppe F.	1743	1365	11	37	216	3	2	—	1091	Nordamerika 251
Gruppe G.										
Rohphosphat	7455	7173	447	622	2381	581	951	—	1075	—
Sonstige Düngemittel	1245	12	1	—	—	—	—	—	10	—
Gesamtwert der Produkte von Gruppe G.	8701	7185	448	622	2381	581	951	—	1085	Nordamerika 1226
										Asien . . . 283

II.

Aus der wirtschaftlichen Entwicklungsgeschichte einzelner Zweige der amerikanischen chemischen Industrie.

In dem zweiten Abschnitt soll die wirtschaftliche Entwicklungsgeschichte einiger besonders wichtiger Zweige der chemischen Industrie der Vereinigten Staaten näher betrachtet werden. Als die unentbehrliche Grundlage jeglicher chemischer Arbeit sei hier zuerst die Geschichte der amerikanischen Schwefelsäure-Industrie behandelt. Wie bereits erwähnt, wurde die erste Schwefelsäurefabrik in Amerika im Jahre 1793 in Philadephia[1] errichtet. Die Produktion war jedoch in den folgende Dezennien verhältnismäßig gering, vor allem da der Leblanc-Sodaprozeß, in welchem in Europa damals die größte Menge Schwefelsäure verbraucht wurde, in Amerika aus rein ökonomischen Gründen nicht zur Entwicklung gelangte. Allerdings war die Menge vom Ausland eingeführter Schwefelsäure niemals sehr bedeutend und ist es bis in die neueste Zeit geblieben. Denn im Durchschnitt der Jahre 1908 bis 1911 wurden nur 38000 Pfd. im Werte von 1000 Dollar eingeführt. Nachdem jedoch die Petroleumindustrie und die Industrie der künstlichen Dünger sich in der zweiten Hälfte des 19. Jahrhunderts sehr stark entwickelt hatten, veranlaßte der steigende Bedarf an Schwefelsäure auch die Errichtung zahlreicher neuer Werke, welche teils im Lande gewonnene Pyrite, teils Schwefelerze aus Spanien und Portugal, sowie auch in neuerer Zeit viel Blei- und Kupfererze auf Schwefelsäure verarbeiteten. Während im Jahre 1890 erst 105 Schwefelsäurefabriken im ganzen Lande gezählt wurden, welche rund 780000 t Säure von 50° Baumé herstellten, stieg die Zahl der Werke im Jahre 1900 auf 127. In noch viel stärkerem Maße aber wurde die Leistungs-

[1] Nach Zensusangaben vom Jahre 1909 betrug der Wert der in Philadelphia allein hergestellten Chemikalien ungefähr 45000000 Dollar, davon entfielen 9423000 Dollar auf medizinische und pharmazeutische Präparate, 8045000 Dollar auf Produkte der Lack-, Firnis- und Anstrichfarbenindustrie und 4268000 Dollar auf Kunstdünger. Hierzu kommen aber noch nach Schätzungen 37,7 Mill. Dollar für raffinierten Zucker und 27 Mill. Dollar für raffiniertes Petroleum, das in großen Mengen von dort exportiert wird. Philadelphia hat demnach seinen Platz als einen der ersten Industrieplätze des Landes neben New York und Chikago in jeder Hinsicht behauptet. Eine höchst instruktive Schilderung aller Industriezweige dieser Stadt hat Macfarlane im Maiheft 1912 von „Commercial America“ gegeben.

fähigkeit der Anlagen ausgenutzt, denn nach den Angaben des Zensusberichtes von diesem Jahre betrug die Produktion bereits 1550000 t. Eine weitere Steigung brachte das Jahr 1905 mit 149 Werken und einer Produktion von 1870000 t. Die Produktion an Schwefelsäure im Jahre 1909 läßt sich auf folgender Grundlage berechnen: der Verbrauch an Schwefel, herrührend aus Schwefelerz und Pyriten, amerikanischen und ausländischen Ursprungs, betrug im Jahre 1909 = 705000 t. Berücksichtigt man, daß von dieser Menge für eine Sulfitcelluloseproduktion von 900000 t 125000 t Schwefel in Abzug gebracht werden müssen und daß ferner für die Zwecke der Pulverfabrikation und andere Verwendungsarten weitere 20000 t Schwefel in Frage kommen, so ergibt sich durch Differenz eine Menge von rund 550000 t Schwefel, welche zur Erzeugung der Schwefelsäure zur Verfügung standen. Man kann nun annehmen, daß durchschnittlich aus 100 Pfd. Schwefel 425 Pfd. einer Säure von 50° Baumé erhalten werden, und man kommt auf Grund dieser Annahmen zu einer Produktionsschätzung von 2617000 t 50grädiger Säure, entsprechend 1635000 t Monohydrat. Hierbei ist nicht mitgerechnet die Gewinnung der Schwefelsäure aus den Gasen, welche bei der Verhüttung schwefelhaltiger Zink-, Blei- und Kupfererze entweichen und deren Schätzung sehr unsicher ist. Die aus dieser Quelle stammende Menge an Schwefelsäure dürfte jedoch nicht größer sein als 200000 t; es ergibt sich demnach als Gesamtproduktion der Vereinigten Staaten für das Jahr 1909 eine Produktion von ca. 1835000 t Monohydrat im Werte von rund 25 Mill. Dollar. Es sei noch erwähnt, daß nach den vorläufigen Angaben des Zensusberichtes vom Jahre 1909 die Schwefelsäureproduktion rund 2800000 t Säure von 50° Baumé beträgt, was ungefähr mit der oben angegebenen Zahl übereinstimmt. Jedenfalls ist heute die Schwefelsäureproduktion der Vereinigten Staaten größer als die irgend eines anderen Landes. Nach einer unlängst in der französischen Zeitschrift L'Engrais (1911 p. 1360) erschienenen Studie über die Schwefelsäureindustrie ergibt sich die Produktion der übrigen Länder wie folgt:

England	1550000 t	
Deutschland	1500000 t	(ohne die aus Blenden gewonnene Säure)
Frankreich	1200000 t	
Österreich-Ungarn	440000 t	
Italien	600000 t	
Belgien	250000 t	
Rußland	225000 t	
Japan	80000 t	

Allerdings steht dahin, ob diese Angaben genau vergleichbare Mengen Säure enthalten; immerhin geben sie aber einen gewissen Anhalt zur Beurteilung der chemischen Großindustrie in den einzelnen Ländern, der nicht ohne Wert ist.

Was die Verbreitung der Schwefelsäureindustrie in den einzelnen Teilen der Vereinigten Staaten anbetrifft, so liegen darüber leider bisher erst nur Angaben aus den Jahren 1900 und 1905 vor. Danach befanden sich in folgenden Staaten mehr als 5 Schwefelsäurefabriken im Jahre 1905:

	1905	1900
Alabama	7	3
California	8	7
Georgia	20	15
Maryland	9	12
New Jersey	13	18
New York	10	11
Nord-Carolina	7	6
Ohio	9	3
Pennsylvanien	16	11
Süd-Carolina	11	12
Virginia	7	5
In sämtlichen Staaten	149	127

Das Überwiegen der Schwefelsäureindustrie in den Oststaaten und den benachbarten Zentralgebieten ergibt auch die folgende Übersicht über die Produktion der Schwefelsäure:

	1905 in 1000 t	1900 in 1000 t
Nördliche Staaten am Atlantischen Ozean	768,6	734,7
Südliche Staaten am Atlantischen Ozean	540,6	520,6
Nördliche Zentralstaaten	349,9	154,0
Südliche Zentralstaaten	141,1	87,7
Weststaaten	69,2	51,2
Gesamtproduktion	1869,4	1548,1

Da die Hauptmenge der amerikanischen Schwefelsäure vor allem in der Superphosphatindustrie Verwendung findet, so ist in Amerika der alte Bleikammerprozeß keineswegs zurückgedrängt worden, und es scheint auch in Zukunft höchst unwahrscheinlich, daß eine Verdrängung dieses Prozesses durch das Kontaktverfahren eintreten wird. Was die Art der technischen Betriebsführung in der amerikanischen Schwefelsäureindustrie anbetrifft, so unterscheidet sie sich nicht wesentlich von den europäischen Methoden. Als besonders charakteristisch muß jedoch hier wie in anderen Fällen die bewußte, planmäßige Hinarbeit auf die Zurückdrängung der Handarbeit durch maschinelle Vorrichtungen hervorgehoben werden.

Unter den Rohmaterialien stehen die Pyrite an erster Stelle. Ebenso wie Deutschland muß Amerika gewaltige Mengen an Pyriten einführen, da die einheimische Produktion in keiner Weise ausreicht. Dies geht auch aus der folgenden Tabelle über die Produktion, die Einfuhr und den Verbrauch der Pyrite hervor, die vor allem in Virginia, California, Massachusetts und New York gewonnen werden.

	Produktion in 1000 t	Einfuhr in 1000 t	Verbrauch in 1000 t
1900	204,5	322,5	523,8
1903	202,6	425,9	625,4
1905	228,6	515,7	740,7
1909	213,4	692,4	902,4
1910	238,1	723,2	—
1911	—	893,5	—

Große Wandlungen haben sich ferner auch auf dem Gebiet der Schwefelproduktion vollzogen, nachdem im Beginn des 20. Jahrhunderts die Ausbeutung der gewaltigen Schwefellager von Louisiana eingesetzt hat und dadurch das Monopol des sizilianischen Schwefels durchbrochen wurde.

	Produktion t	Einfuhr an Schwefel t
1900	4630	169120
1903	35660	191910
1906	218440	72603
1909	303000	28799
1910	255534	31233
1911	265664	23380

Der gesamte Schwefelverbrauch stellt sich 1907—1909 in 1000 t wie folgt:

	1907	1908	1909
Aus einheimischem Schwefel und Pyriten	404	470	350
Eingeführter Schwefel . . .	22,5	21	30
Schwefel aus eingeführten Pyriten (unter der Annahme von 45% S) . . .	283	300	310
Gesamtmenge	709	791	691

Endlich sei noch darauf hingewiesen, daß eine weitere Steigung der Schwefelsäuregewinnung bevorsteht, sobald erst in den westlichen Minengebieten, in welchen Kupfer-, Blei- und Zinkerze gewonnen werden, allgemein die Überführung der Röstgase in Schwefelsäure erfolgt ist, während heute noch große Mengen unverwertet in die Luft gelassen werden, da die hohen Frachtkosten die Gewinnung der Säure in jenen Gebieten völlig unrentabel machen. Heute kommt es jedenfalls noch auf verschiedenen Hüttenwerken im Westen vor, daß täglich 1000 t Schwefel in Form von Schwefeldioxyd verloren gehen.

Die Herstellung der Schwefelsäure ist die gleiche wie in Europa; man benutzt sie zur Gewinnung von Salzsäure, Salpetersäure, Superphosphaten usw. und zur Herstellung zahlreicher anderer Säuren, die zur

Gruppe der chemischen Präparate zählen und die in genügender Menge in Amerika hergestellt werden, so daß ein Import nur in ganz unbedeutender Weise erfolgt.

Zu den unentbehrlichen Rohstoffen der chemischen Großindustrie gehört ferner die Soda, auf deren weiterer Verarbeitung eine ganze Reihe von chemischen Spezialzweigen beruhen. Die Geschichte der Sodaindustrie in Amerika ist viel jüngeren Datums als die Geschichte der Schwefelsäureindustrie, da die Industrie erst zu jenem Zeitpunkt in Amerika festen Fuß fassen konnte, wo der Ammoniaksodaprozeß den alten Leblanc-Prozeß bereits zurückgedrängt hatte. Die Rohmaterialien, welche zur Durchführung des oft auch als Solvay-Prozeß bezeichneten Verfahrens notwendig sind, finden sich nun in Amerika in überreicher Menge. Das gilt vor allen vom Chlornatrium und vom Kalk. Zeitweise wurde auch in Pennsylvanien Soda aus grönländischem Kryolith hergestellt. In den letzten Jahren aber hat dieser Prozeß jegliche wirtschaftliche Bedeutung verloren, da im Durchschnitt der letzten Jahre die Einfuhr an Kryolith nur rund 1350 t betragen hat. Im Gegensatz zu den europäischen Ländern wird in Amerika nur der Solvay-Prozeß durchgeführt, und zwar ebenfalls im größten Maßstabe, unter möglichster Zurückdrängung der Handarbeit und weitgehender Benutzung maschineller Einrichtungen. Die Hauptkonsumenten der amerikanischen Sodaindustrie sind die Glas-, Seifen- und Cellulose-Industrien und zahlreiche Spezialzweige der chemischen Präparatenindustrie. Vor allem aber dient die Soda noch zur Herstellung des Ätznatrons, das entweder durch Umsetzung mit Ätzkalk oder mit Eisenoxyd daraus gewonnen wird. Neuerdings werden auch große Mengen Ätznatron oder kaustische Soda auf elektrolytischem Wege aus Kochsalz hergestellt, und es hat sich vor allem an den Niagarafällen bereits eine bedeutende elektrochemische Industrie angesiedelt, welche nach verschiedenen Verfahren Ätznatron, Hypochlorite, Chlorate usw. aus Alkalichloriden gewinnt.

Was die übrigen technisch wichtigen Natriumverbindungen anbetrifft, so ist vor allem die Herstellung von Natriumbicarbonat zu erwähnen, die bereits in den Staaten viel früher zur Entwicklung gelangte als die Herstellung von kalzinierter Soda. Die Hauptursache für die überaus schnelle Entwicklung dieser Industrie liegt in der rapiden Ausdehnung der amerikanischen Backpulverindustrie, welche viel bedeutender als in Europa ist.

Natriumthiosulfat wird in Amerika durch Kochen von Lösungen von Natriumsulfid mit Schwefel hergestellt, da eine Gewinnung aus den Sodarückständen wie in Europa hier nicht möglich ist.

Einen großen Umfang hat ferner neuerdings die Herstellung von Natriumsulfid, Natriumnitrit und Natriumsilikat (Wasserglas) erlangt, da bei fast allen Produkten deutlich zu bemerken ist, daß die Einfuhr zurückgeht. In der folgenden Tabelle sind die Einfuhrzahlen für die wichtigsten dieser als Soda compounds bezeichneten Produkte für das Jahr 1911 zusammengestellt.

	Menge 1000 Pfund	Wert 1000 Dollar
Natriumthiosulfat	29,5	0,6
Natriumsulfid	456	6,3
Natriumsulfit	987	14,8
Natriumarseniat	168	5,2
Kalzinierte Soda	3878	43,4
Natriumbicarbonat	85	2,6
Natriumcarbonat (wasserhaltig) . . .	305	4,2
Natriumnitrit	478	21,2
Natriumphosphat	43,9	0,75
Natriumcyanid	1197	67
Natronwasserglas	1235	11
Ätznatron	2984	74

Charakteristisch ist auch die fast vollständige Zurückdrängung der ausländischen Einfuhr an Chromaten und an Chloraten. Während im Jahre 1910 noch über $2^1/_2$ Mill. Pfd. Chromate im Werte von 102000 Dollar eingeführt wurden, war die Einfuhr 1911 faktisch null. Das gleiche gilt für die Einfuhr von Chloraten. Da auch die meisten übrigen Produkte erheblich geringere Einfuhrzahlen aufweisen, so läßt sich auch daraus erkennen, daß die Sodaindustrie und ihre Nebenzweige sich in Amerika immer kräftiger entwickeln und daß womöglich in absehbarer Zeit sogar ein Export aus Amerika stattfinden wird.

Obwohl die Vereinigten Staaten gezwungen sind, in außerordentlich großen Mengen aus Deutschland Kalisalze einzuführen, hat sich die Industrie der hochwertigeren Kalisalzfabrikate in den letzten Jahren bedeutend entwickelt, und besonders die Herstellung von Ätzkali und chlorsaurem Kalium sowie von Jodkalium wird bereits in großem Umfange ausgeführt. Das gleiche gilt auch von der Gewinnung des Cyankaliums, dessen Produktion für das Jahr 1910 von sachverständiger Seite auf 36 Mill. Dollar angegeben wird. Die Einfuhr an diesen Produkten besitzt jedoch in der Gegenwart noch erhebliche Bedeutung, und es dürfte sich voraussichtlich in der nächsten Zeit daran nicht viel ändern, weil die Produktionsbedingungen, vor allem in Deutschland, abgesehen von den elektrolytisch gewonnenen Verbindungen, sich doch erheblich günstiger stellen als in Amerika. Eine Übersicht über die Einfuhr an Kaliumverbindungen für die Jahre 1907, 1910 und 1911 gibt die folgende Tabelle:

Kaliumcarbonat, roh.

Jahr	Einfuhrmenge 1000 Pfund	Wert 1000 Dollar
1907	7126	183
1910	8407	264
1911	10680	327

Jahr	Einfuhrmenge 1000 Pfund	Wert 1000 Dollar
Kaliumcarbonat, gereinigt.		
1907	18652	583
1910	9036	304
1911	11143	396
Ätzkali, roh.		
1907	7464	266
1910	8786	359
1911	7426	310
Kaliumcyanid.		
1907	3070	484
1910	2422	328
1911	2325	326
Gelbes Blutlaugensalz (Ferrocyankalium		
1907	1453	149
1910	2331	230
1911	1777	181
Chlorkalium.		
1907	231328	3863
1910	391855	5641
1911	428565	6450
Schwefelsaures Kali.		
1907	58306	1013
1910	84970	1400
1911	106270	1952

Auch in Zukunft ist daher vor allem mit einer weiteren Steigerung der Einfuhr von Rohsalzen und Chlorkalium zu rechnen, weil die Tendenz zur intensiven Bewirtschaftung und der damit parallel gehende stärkere Verbrauch an Kalisalzen sich immer mehr durchsetzen. Ob sich nun die Hoffnungen der Amerikaner, aus Mineralien, Salzseen oder den Tangen an der Westküste jene gewaltigen Mengen von Kalisalzen zu gewinnen, die gegenwärtig und später verbraucht werden, verwirklichen werden, muß bis jetzt jedenfalls noch als höchst zweifelhaft bezeichnet werden.

Die amerikanische Kunstdüngerindustrie, die ja zu den wichtigsten chemischen Gewerbezweigen gehört, verbrauchte bisher verhältnismäßig geringe Mengen von Kali und Stickstoffdünger, wenn man die Größe des landwirtschaftlich benutzten Areals vergleicht. Absolut genommen, sind die Zahlen dagegen sehr bedeutend. Nach Angaben von Krische[1] stellte sich im Jahre 1905 der Nährstoffverbrauch der amerikanischen Landwirtschaft (wenn wir von den Stickstoffdüngern einmal absehen) zu $3^1/_4$ Mill.

---

[1] Chemische Industrie 1912, S. 197.

der Phosphorsäure und 1,1 Mill. des Kali. Pro ha Kulturfläche wurden verbraucht $2^1/_4$ kg Phosphorsäure und $^2/_3$ kg Kali. Da die Ackerbaufläche der Vereinigten Staaten rund 800 Mill. ha gegenüber nur 34 Mill. ha in Deutschland beträgt, so stellt sich bisher der Kaliverbrauch immer noch sehr niedrig im Vergleich zu Ländern wie Holland und Deutschland mit $5^1/_2$ kg, Belgien mit 5 kg und Schweden mit 2,4 kg Kali pro ha landwirtschaftlicher Nutzfläche. Obwohl noch weite Strecken jungfräulichen Landes vorhanden sind und obwohl noch auf großen Flächen gegenwärtig noch Raubbau getrieben werden kann, so steht doch eine wesentliche Erhöhung des Kaliverbrauchs in den Staaten für die nächste Zeit bevor, nachden man erkannt hat, daß ein rationeller Betrieb ohne die Verwendung der Kunstdünger besonders in den Oststaaten nicht mehr mit Erfolg betrieben werden kann. Es darf bei dieser Gelegenheit vielleicht daran erinnert werden, daß trotz der großen Getreideproduktion der Union der Durchschnittsertrag pro ha im Jahre 1909 nur 10,6 dz Weizen, 10,1 dz Roggen, 13,1 dz Gerste, 10,9 dz Hafer und 52,7 dz Kartoffeln betrug, gegenüber 25,2 dz Weizen, 22,8 dz Roggen, 28,1 dz Gerste, 25 dz Hafer und 175,5 dz Kartoffeln in Belgien und gegenüber 19,9 dz Weizen, 17,0 dz Roggen, 18,5 dz Gerste, 18,4 dz Hafer und 131,9 dz Kartoffeln im Jahre 1910 in Deutschland.

Ein wesentlicher Unterschied gegenüber der europäischen und besonders der deutschen Landwirtschaft zeigt sich ferner noch in dem viel geringeren Verbrauch an Stickstoffdünger. So wurden nach einer Angabe von Pennock[1] von den 536000 t Chilesalpeter, welche im Jahre 1910 nach Amerika verschickt wurden, nur 13% in der Düngerindustrie verwandt, während sich der Rest wie folgt verteilt: auf die Herstellung von Farbstoffen entfielen 12%, auf die chemische Großindustrie 10%, die Glasfabrikation 4%, die Explosivstoffgewinnung 41%, auf die Herstellung von Salpetersäure 9% und auf die Herstellung von Schwefelsäure 6%. Es bleibt ein Rest von 5% für nicht besonders bekannte industrielle Zwecke. Demnach überwiegt in Amerika im Gegensatz zu Deutschland bisher noch der industrielle Verbrauch an Chilesalpeter ganz bedeutend den landwirtschaftlichen.

Auch die Gewinnung von schwefelsaurem Ammoniak weist bisher keineswegs eine ähnliche Entwicklung wie in Deutschland und England auf. Dies ist insofern besonders verwunderlich, als Amerika die größte Kohlenproduktion der Welt besitzt, bisher aber nicht in rationeller Weise zu einer Verwertung der überwiegenden Mengen des in den Steinkohlen enthaltenen Stickstoffs gelangt ist. Die Verschwendung, über welche einsichtige Amerikaner, besonders in der Berg- und Hüttenindustrie, seit Jahren bittere Klagen führen, zeigt sich auch besonders deutlich in der Nebenproduktenindustrie der Steinkohle. Viel später als in Europa begann man hier und anfangs sehr zögernd, Teer-, Ammoniak-, Benzol- und Cyanverbindungen in der Kokereiindustrie gleichzeitig mit dem Koks zu gewinnen. Erst im Jahre 1893 wurde nämlich der erste Ofen für Nebenprodukten-

[1] Journal of industrial and engineering chemistry 1912, S. 172.

gewinnung in Syracuse gebaut. Den Verlust an gebundenem Stickstoff, der durch das Vorwalten der alten Bienenkorböfen bis in die Neuzeit verursacht worden ist, beziffert Pennock für die Jahre 1893—1910 auf 9315000 t in Form von Ammoniumsulfat im Werte von 560 Mill. Dollar. Der Verlust, welchen das amerikanische Wirtschaftsleben durch diese rückständige Verarbeitung der Kohlen erlitten hat, erschöpft sich aber nicht allein in dieser Zahl, denn man muß berücksichtigen, daß bei verstärkter Düngung des Bodens mit Ammoniumsalzen auch eine erhebliche Vergrößerung der Ernteergebnisse herbeigeführt worden wäre. Seit 1900 macht man sich jedoch auch in den Vereinigten Staaten eine Wendung zum Besseren bemerkbar. Im Jahre 1900 betrug die Menge des Koks, der in Nebenproduktenöfen gewonnen war, erst 5%; 1910 dagegen bereits 17%. Am meisten verbreitet sind in Amerika die Ofentypen von Semet-Solvay, Koppers, United-Otto, Otto-Hoffmann, Rotberg und Didier. Vor allem Eisenwerke haben derartige Anlagen errichtet. Von chemischen Unternehmungen, welche große Nebenproduktanlagen besitzen, seien erwähnt die Solvay Process Co. in Syracuse, N.Y., und Delray, Michigan, die Michigan Alcali Co. in Wyandotte und die Byproducts Corporation in Chikago.

Die Gesamtmenge des in Amerika hergestellten schwefelsauren Ammoniaks betrug 1910 = 116500 t. Hiervon entfielen 86000 t auf Nebenproduktöfen und 30000 t auf Gaswerke. Für das Jahr 1911 und die folgenden Jahre erwartet man aber erheblich größere Erträge, da nicht weniger als 1000 neue Nebenproduktöfen in Tätigkeit gesetzt werden sollen.

Da die amerikanische Sulfatproduktion dem steigenden Bedarf der Landwirtschaft in keiner Weise genügen konnte, so mußten erhebliche Mengen aus dem Ausland, vor allem aus England, eingeführt werden. Im Jahre 1910 und 1911 wurden 185 und 189 Mill. Pfund schwefelsaures Ammoniak im Werte von 4,67 und 5,07 Mill Dollar eingeführt, vor allem aus England.

Erwähnt sei auch noch, daß die Gewinnung von Kalkstickstoff seit 1910 in Amerika in größerem Umfang betrieben wird, und es scheint, als wenn dieses Düngemittel in den Vereinigten Staaten weniger Schwierigkeiten zu überwinden hat als in Europa, wo erst in der letzten Zeit eine wesentliche Absatzsteigerung stattgefunden hat.

Im Gegensatz zu den Kali- und Stickstoffdüngern verfügt Amerika in der Industrie der phosphorsäurehaltigen Düngemittel über gewaltige Mengen an Rohmaterial, welches außerdem noch nach allen Weltteilen verschifft wird. Die Entwicklung der amerikanischen Phosphatproduktion ergibt sich aus der folgenden Übersichtstabelle:

Jahr	Produktion an Phosphat in 1000 t	Jahr	Produktion an Phosphat in 1000 t
1888	456	1908	2424
1893	956	1909	2367
1898	1330	1910	2698
1903	1597	1911	3053

Die Produktion des letzten Jahres verteilt sich auf die Staaten Florida 2436000 t, Südcarolina 169000 t, Tennessee 437000 t, Idaho, Wyoming und Utah 10500 t, im Gesamtwert von etwa 48 Mill. Mark.

Obwohl in den letzten Jahren die Phosphatproduktion in Afrika, vor allem in Algier und Tunis, sehr gestiegen ist, bleibt sie bisher noch weit hinter der amerikanischen Produktion zurück. Von den 3 Mill. t Phosphaten gelangten im Jahre 1911 1,33 Mill. t des sog. Pebble-Phosphats und 453000 t Hard-Rock-Phosphat zur Verschiffung, während der Rest in den Vereinigten Staaten auf Superphosphat verarbeitet wurde. Die Bedeutung der amerikanischen Superphosphatindustrie ergibt sich am deutlichsten aus der folgenden Übersichtstabelle über die Weltproduktion, die für 1910 auf 9 Mill. t geschätzt wird.[1]

	Produktion an Superphosphat in 1000 t
Vereinigte Staaten	2349
Frankreich	1608
Deutschland	1387
Italien	1080
England	948
Belgien	540
Holland	306
Spanien	180
Österreich-Ungarn	180
Sonstige Länder (Rußland, Japan, Australien usw.)	422
Weltproduktion	9000

Von sonstigen Produkten der anorganischen Industrie, welche Amerika in großen Mengen herstellt, seien hier noch folgende erwähnt:

Chlorkalk, Aluminiumsalze und anorganische Säuren.

Der Chlorkalk wird in Amerika ausschließlich aus elektrolytisch gewonnenem Chlor hergestellt, und zwar vor allem in den großen Anlagen am Niagarafall. Hingegen hat die in Europa immer noch vielfach ausgeübte Gewinnung von Chlorkalk aus Chlor, welches seinerseits mit Hilfe von Salzsäure hergestellt wird, in Amerika keine Anwendung gefunden. Dies erklärt sich aus der bereits mehrfach erwähnten Tatsache, daß der Leblanc-Prozeß zur Gewinnung von Soda, der große Mengen von Salzsäure als Nebenprodukt liefert, in Amerika niemals hat festen Fuß fassen können. Die Einfuhr von Chlorkalk nach Amerika ist seit 1900, wo sie noch über 68000 t betragen hat, fast ständig gesunken. Für das Jahr 1911 ergibt sich eine Einfuhr von 50000 t im Werte von 802000 Dollar.

[1] Chem. Ztg. 1912, S. 329.

Das reichliche Vorkommen von Bauxit hat besonders in der letzten Zeit die Entwicklung der Aluminiumindustrie sehr begünstigt, und zwar ist nicht nur die Gewinnung von metallischem Aluminium sehr gestiegen, sondern auch die Gewinnung von Aluminiumsalzen, wie Alaun, schwefelsaures Aluminium usw. Gegenüber der amerikanischen Produktion an diesen chemikalischen Produkten sind die Einfuhrzahlen für Aluminiumpräparate in der letzten Zeit ziemlich gering. Es wurden 1908 in 9 Fabriken 7700 t Alaun im Werte von 236710 Dollar und 97255 t Aluminiumsulfat im Werte von 1835213 Dollar hergestellt. Viel Verwendung findet neuerdings besonders auch der sogenannte gebrannte Alaun, das als Weinsteinersatz in der Backpulverindustrie vielfach benutzt wird. Er entsteht durch innige mechanische Mischung von Aluminiumsulfat mit Natriumsulfat in stöchiometrischem Verhältnis und folgendem Erhitzen bis zur Vertreibung des Kristallwassers. Als Ausgangsmaterial der bedeutenden Industrie der Aluminiumpräparate findet der in Amerika gewonnene Bauxit immer mehr Verwendung gegenüber dem französischen Bauxit. So wurden 1909 in Amerika 90325 t Bauxit gewonnen im Werte von 475000 Dollar, während die Einfuhr nur 18689 t im Werte von 84000 Dollar betrug. Während 1890 noch für 34000 Dollar Alaun und Aluminiumsulfat importiert werden mußte (6822000 Pfd.), sank 1911 die Einfuhr auf 1237000 Pfd. im Werte von 12000 Dollar. Gestiegen ist dagegen der amerikanische Bedarf für reine Tonerde und raffinierten Bauxit, von dem 1911 2 Mill. Pfd. im Werte von 32500 t zur Einfuhr gelangten.

Die Bedeutung der amerikanischen Bauxitindustrie und ihrer wichtigen Nebenzweige geht besonders aus der folgenden Übersicht über die Weltproduktion an Bauxit von 1908—1910 hervor.

Land	1908		1909		1910		1911	
	Menge 1000 t	Wert 1000 Doll.	Menge 1000 t	Wert 1000 Doll.	Menge 1000 t	Wert 1000 Doll.	Menge 1000 t	Wert 1000 Doll.
Ver. Staaten	52	234	129	679,5	149	716	156	750
Frankreich .	168	327	128	252	[1]	[1]	—	—
England . .	12	15	10	12	4	4	—	—
Italien . . .	7	12	4	8	[1]	[1]	—	—
Alle Länder	239	618	271	950				

Die Bedeutung des Bauxits als Ausgangsmaterial zur Herstellung von Aluminium- und Tonerdepräparaten dürfte auch durch die neuen amerikanischen Funde von Wawellit, $4 AlPO_4$, $2 Al(OH)_3$, $9 H_2O$, bei Mitcell Mountain, St. Clair County, Ala und von Alunit, K_2O, $3 Al_2O_3$, $4 SO_3$, $6 H_2O$ mit einem Kali- und Tonerdegehalt von 11,4 bzw. 37% bei Marysvale im Staate Utah, in der nächsten Zeit nur wenig geschmälert werden. Letzteres Mineral soll übrigens auch auf Kaliumsulfat verarbeitet werden, wobei man Tonerde als Nebenprodukt herzustellen beabsichtigt. Es erscheint aber bisher noch fraglich, ob bei den hohen Frachten

[1] Zahlen noch nicht bekannt.

von Utah nach den Oststaaten, die durch die ungünstige Lage der in gebirgiger Gegend befindlichen Lagerstätten des Alunitminerals und durch den kostspieligen Transport nach der Bahnstation noch erhöht werden dürften, die Verarbeitung des Minerals auf Tonerdepräparate vor den bedeutend günstiger gelegenen Bauxitlagern in den Oststaaten einen sehr großen Umfang annehmen wird. Außer diesem Vorkommen ist Alunit noch in anderen Weststaaten, in Arizona, Nevada und Colorado, nachgewiesen worden.

Eine Erwähnung verdient auch die allerdings in den letzten Jahren wenig prosperierende Industrie des Broms, welche vor allem in den Staaten Michigan, Ohio, Pennsylvania und West-Virginia konzentriert ist. Bekanntlich sind die Brompreise infolge des lebhaften Konkurrenzkampfes zwischen den deutschen und amerikanischen Produzenten sehr gefallen. Die Bromproduktion schließt sich eng an die Salzproduktion an, die besonders in den Oststaaten sehr verbreitet ist. Seit 1894 hat sich die Bromproduktion von 12,98 Mill. Barrels auf 30,11 Mill. im Jahre 1909 erhöht; als Werte für diese Produktion finden sich in dem offiziellen amerikanischen Werk über die mineralischen Hilfsquellen der Vereinigten Staaten die Zahlen 4,73 und 8,34 Mill. Dollar. Zwei Drittel dieser Produktion entfallen auf die beiden Staaten New York (10,91 Mill. Barrels im Wert von 2,65 Mill. Dollar) und Michigan (mit fast 10 Mill. Barrels im Wert von 2,73 Mill. Dollar). Ferner liefern noch größere Mengen Salz die Staaten Ohio und Kansas.

Auch die Industrie der Borsäure verfügt über ein einheimisches Rohmaterial, das Calciumborat, das besonders in den Weststaaten bergmännisch gewonnen wird.

Aus dem rohen Calciumborat wird vor allem Borax und Borsäure hergestellt. Die Boraxproduktion der Vereinigten Staaten beträgt gegenwärtig etwa 20000 t pro Jahr, von der $^3/_4$ durch die Pacific Coast Borax Co., eine Tochtergesellschaft der englischen Borax Consolidated Ltd., geliefert wird. Außer dem Borax wird auch Borsäure hergestellt, und zwar betrug die Produktion im Jahre 1910 nach den Zensusangaben 2775 t im Wert von 296000 Dollar.

Außer den bereits genannten bergmännisch gewonnenen Produkten liefert aber die amerikanische Berg- und Hüttenindustrie der chemischen Technik eine große Zahl von anderen Rohstoffen, die mehr oder weniger weitgehenden chemischen Veränderungen unterworfen werden, bevor sie auf dem Markte erscheinen. Die Mineraliengewinnung, über die alljährlich ausführliche Berichte des United States Geological Survey erscheinen, welche in Deutschland unbedingt die größte Beachtung finden sollten, muß deshalb als eine der wichtigsten Grundlagen der chemischen Industrie der Union mit einigen Worten erwähnt werden. Man versteht unter Mineraliengewinnung im amerikanischen Sinne die Gewinnung von Erzen, Metallen und von nicht metallischen Erzeugnissen, wie Brennstoffe, Brennmaterialien aller Art, darunter auch Ziegelsteine, ferner mineralische Rohstoffe für chemische Produkte, Farberden usw. Eine kleine Übersichtstabelle über die wichtigsten Gruppen zeigt auch hier den außerordentlichen Aufschwung in der Produktionsfähigkeit des Landes. Die Wertangaben beziehen sich stets auf 1000 Dollar.

Wert der Mineraliengewinnung in den Vereinigten Staaten in den Jahren 1880, 1890, 1900 und 1909.

	1880	1890	1900	1909
Metalle	185649	292650	511633	753427
Nicht metallische Produkte	179279	313826	695398	1132498
Gesamtwert	364928	606476	1107031	1885925

Genauere Angaben über den besonders großen Aufschwung enthält die folgende Tabelle (S. 38) über die chemisch besonders beachtenswerten Stoffe der amerikanischen Mineralienproduktion.

Im Anschluß an diese anorganischen Industriezweige sei noch ein Blick auf die eine besondere Stellung einnehmende Zementindustrie der Vereinigten Staaten geworfen. Diese hat sich in den letzten 20 Jahren außerordentlich entwickelt. Während die Produktion im Jahre 1890 erst 8 Mill. Barrels zu 380 Pfd. betrug, war sie im Jahre 1900 bereits auf 17 Mill. gestiegen, und im Jahre 1910 erreichte sie den Betrag von 78 Mill. Barrels. Entsprechend ist auch der Wert der Zementproduktion gestiegen, und zwar von 6 auf 13 und 68 Mill. Dollar. Naturgemäß mußte diese gewaltige Steigerung der Leistungsfähigkeit dieser Industrie auf die Ein- und Ausfuhr des Landes stark einwirken. Während im Jahre 1907 noch 1123 Mill. Pfd. Zement importiert werden mußten, sank die Einfuhr im Jahre 1911 auf 93,3 Mill. Pfd. und entsprechend stieg der amerikanische Export von 76000 Barrels im Werte von 163000 Dollar im Jahre 1900 auf 2,97 Mill. Barrels im Werte von 4,35 Mill. Dollar im Jahre 1911. Die Vereinigten Staaten haben demnach heute die größte Zementindustrie der Welt, und ihre Produktion übertrifft diejenige Deutschlands mit ungefähr 30 Mill. Barrels und Englands mit ca. 20 Mill. Barrels, zusammengenommen um ein Beträchtliches. Abzüglich des Exports betrug der Verbrauch an Zement im Jahre 1910 nicht weniger als 74 Mill. Barrels. Es ist bekannt, daß in Amerika auch in der Zementindustrie die modernsten Fabrikationsmethoden eingeführt worden sind und daß speziell die sog. Drehrohröfen von Amerika aus sich auch über den europäischen Kontinent verbreiten können. Die Zementindustrie ist besonders in Pennsylvanien konzentriert, wo etwa ein Drittel der Gesamtproduktion hergestellt wird; sehr verbreitet ist die Industrie ferner in den Staaten Indiana, Kansas, Illinois, Missouri, New Jersey, Michigan und New York.

Nach dem Zensusbericht vom Jahr 1910 besaßen die bestehenden 135 Werke, welche rund 27000 Arbeiter beschäftigten, ein Kapital von 187,4 Mill. Dollar. Der Wert der in dieser Industrie verbrauchten Rohmaterialien betrug 29,3 Mill. Dollar, der Wert der hergestellten Produkte 63,2 Mill. Dollar und die Summe der Löhne 15,32 Mill. Dollar.

Mineralproduktion der Vereinigten Staaten von Nordamerika in den Jahren 1900, 1906 und 1909.

	1900		1906		1909	
	Menge	Wert 1000 Doll.	Menge	Wert 1000 Doll.	Menge	Wert 1000 Doll.
Silber (Handelswert in 1000 Unzen)	57647	35741	56518	38256	54721	28455
Gold [Münzwert] (1000 Unzen)	3830	79171	4565	94374	4822	99673
Kupfer [Wert in New York] (1000 Pfund)	606117	98494	917806	177596	1092952	142684
Blei [Wert in New York] (tons)	270824	23562	350153	39917	354188	30460
Zink [Wert in St. Louis] (tons)	123886	10654	199694	24362	230225	24864
Quecksilber (Flaschen)	28317	1303	26238	959	21075	889
Aluminium (1000 Pfund)	7150	1920	14910	4262	34210	6575
Platin [Wert in New York] (Unzen)	400	2,5	1439	45,2	638	15,9
Gesamtwert der metallischen Produkte (einschließlich *Roheisen*)	—	511633	—	886110	—	753428
Steinkohle (1000 tons)	212316	220930	342875	381162	379744	405486
Pennsylvania-Anthrazit (1000 engl. tons)	51221	85758	63645	131918	72374	149416
Koks (1000 tons)	—	—	36401	91608	39315	89965
Erdgas	—	23699	—	46874	—	63207
Petroleum (1000 Fässer)	63621	75989	126494	92445	182134	128249
Torf	—	—	—	—	—	174
Zement (1000 Fässer)	17231	13284	51000	55302	65400	52798
Arsenige Säure (1000 Pfund)	—	—	1474	63,5	2428	52,9
Borax (tons)	25,8	1018	58,2	1182	41,4	1534
Brom (1000 Pfund)	521	141	1283	165	729	92,7
Flußspat (1000 tons)	18,4	94,5	40,8	244	50,7	292
Gips (1000 tons)	594,4	1627	1540	3838	2253	5906
Mineralphosphate (1000 engl. tons)	1491	5359	2080	8579	2330	10772
Pyrit (1000 engl. tons)	204,6	750	261	931	247	1028
Schwefel (1000 tons)	3,5	88	294	5097	239	4432
Salz (1000 Faß)	20869	6945	28172	6650	30118	8344
Baryterde, roh (1000 tons)	67,7	188	50,2	160	58,4	199
Kobaltoxyd (1000 Pfund)	6,5	11,7	—	—	—	—
Farberden (1000 tons)	57,4	644	66	2161	79,7	2420
Zinkoxyd (1000 tons)	48,8	3667	74,7	5999	68,9	6157
Asbest (1000 tons)	1,1	16,3	1,7	28,5	3,1	62
Asphalt (1000 tons)	54,4	416	138	1290	208	1938
Bauxit (1000 engl. tons)	23,2	89,7	75	368	129	679
Feldspat (1000 tons)	24,8	181	75,6	402	76,5	402
Fullererde (1000 tons)	9,7	67,5	32,0	265	375	302
Glassand (1000 tons)	—	—	1089	1208	1104	1163
Graphit, kristallisiert (1000 Pfund)	5508	198	5888	340	6294	345
Magnesit (1000 tons)	2,2	19,3	7,8	23,4	9,5	37,8
Manganeisenerz (1000 engl. tons)	11,8	100,3	41,3	122	68,6	216
Glimmer (1000 Pfund)	456,3	92,8	1423	177	1810	280
Mineralwasser (1000 Gallonen)	47559	6245	48109	8028	64674	6894
Quarz (1000 tons)	32,5	86,3	66,7	243	135	249
Talk und Seifenstein (1000 tons)	27,9	384	58,9	874	81,8	862
Thoriummineralien [Monazit und Zirkon] (1000 Pfund)	908	48,8	847	153	544	65,3
Wolframerz (1000 tons)	46	11	928	349	1619	614
Gesamtwert der nicht metallischen mineralischen Produkte	—	594398	—	1018696	—	1132198
Schätzungswert der nicht besonders aufgeführten mineralischen Produkte (wie Soda, Natriumsulfat und Alaun zur Papierfabrikation; Wismut-, Cadmium-, Lithium-, Nickel-, Kobalt-, Selen- und Vanadiumsalze)	—	1000	—	200	—	300
Gesamtwert	—	1107031	—	1904007	—	1885925

Organisch-chemische Industriezweige.

Auf dem Gebiet der organisch-chemischen Industrie kann Amerika im Gegensatz zu den Erfolgen auf dem Gebiet der anorganischen Industrie bisher noch keine entsprechenden Leistungen aufweisen. Im Gegensatz zu Deutschland hat bisher besonders die Industrie des Steinkohlenteers und seiner zahlreichen wertvollen Derivate sich noch verhältnismäßig wenig entwickeln können. Diese Tatsache wird besonders dadurch verständlich, daß die amerikanische Kokereiindustrie sich immer noch sehr im Rückstand befindet. Bei einer Koksproduktion von 41,7 Mill. t wurden nämlich selbst im Jahre 1910 erst 7,14 Mill. t, d. h. 17,1 % in Öfen mit Nebenproduktengewinnung hergestellt. Daß diese geringe unwirtschaftliche Ausnutzung der amerikanischen Kohlen volkswirtschaftlich einen außerordentlich schweren Verlust darstellt, wird von allen einsichtigen Amerikanern in neuerer Zeit immer wieder hervorgehoben.[1] Der Wert der in den Nebenproduktöfen hergestellten Fabrikate betrug im Jahre 1910 im ganzen 8,48 Mill. Dollar, wovon auf den Teer allein ein Betrag von 1,6 Mill. Dollar entfiel. Die gesamte Teerproduktion wurde in diesem Jahre auf 280000 t angegeben, während diejenige Deutschlands mehr als fünfmal so groß ist. Unter diesen Umständen kann es nicht wundernehmen, daß auch die durch fraktionierte Destillation erhaltenen sog. „primären Produkte" der Teerdestillation in Amerika bisher nur in unzureichender Menge hergestellt werden. Nach dem Zensusbericht vom Jahr 1905 betrug der Wert dieser Produkte nur 340000 Dollar, und gegenwärtig dürften sich die Verhältnisse in dieser Industrie nur wenig geändert haben. Das gleiche gilt natürlich auch von den durch weitere chemische Behandlung der einzelnen Teerfraktionen isolierten Chemikalien, die zur Herstellung von Farbstoffen, pharmazeutischen und photographischen Präparaten, sowie als Ausgangsmaterial für die Gewinnung der künstlichen Riechstoffe dienen. Im Vergleich zu dem starken Verbrauch von derartigen Chemikalien in Amerika ist die mit der Herstellung derartiger Produkte beschäftigte Industrie noch recht klein. Der Gesamtwert der sog. Kohlenteerprodukte, worunter vor allem Halbfabrikate für die genannten Industriezweige zu verstehen sind, betrug im Jahre 1905 844000 Dollar. Der Wert der in Amerika 1905 gewonnenen Farbstoffe ist zwar in dem vorletzten Zensusbericht auf 2,66 Mill. Dollar angegeben, aber in dieser Zahl sind auch verschiedene mineralische Farbstoffe, sowie Farbstoffe aus pflanzlichen Rohmaterialien und endlich Mischungen von im Ausland hergestellten Farbstoffen enthalten. Gegenwärtig stellen nur 4 Fabriken, darunter 3 kleinere künstliche Farbstoffe in größerem Umfang her, und zwar in der Hauptsache aus importierten Halbfabrikaten.

Im amerikanischen Zolltarif sind unter dem Namen „Kohlenteerprodukte" eine ganze Reihe von Chemikalien, Farbstoffen und pharmazeutischen Präparaten zusammengefaßt, so daß diese Gruppe ziemnch

[1] Vergleiche hierüber die interessanten Aufsätze im Märzheft der Zeitschrift: The Journal of industrial and engineering Chemistry, 1912 p. 160—189.

umfangreich erscheint. Die folgende Übersichtstabelle gibt den Betrag der Einfuhr für das am 30. Juni 1910 endende Fiskaljahr für die einzelnen Produkte, und zwar spezialisiert nach Maßgabe der Zollfreiheit und der Zollbelastung, sowie den Betrag der gezahlten Zölle in Dollar an.

	Zollfrei	Verzollt	Betrag des Zolls
Benzoesäure	82444	—	—
Karbolsäure	275600	—	—
Gallussäure	—	23469	6363
Phthalsäure	12851	—	—
Pikrinsäure	15629	—	—
Salicylsäure	—	10778	3282
Pyrogallussäure	—	25260	6315
Gerbsäure (Tannin)	—	3271	2887
Alizarin- und Anthrazenfarbstoffe	647948	—	—
Anilinöl	199105	—	—
Salzsaures Anilin	515552	—	—
Kohlenteerfarben (nicht besonders genannt	—	6016034	1818310
Kohlenteerprodukte, außer Farben und Stoffen zu mediz. Gebrauch (nicht bes. genannt)	—	651560	130312
Kohlenteerprodukte, zollfrei	1034944	—	—
Cocain und Ecgonin	—	80601	46933
Kreosotöl	216824	—	—
Indigo	1195942	—	—
Indigopaste und Carmin	—	28033	2858
Saccharin	—	5526	4264
Vanillin	—	948	1349

Der Gesamtwert der Kohlenteerprodukte in obiger Tabelle, die übrigens nicht vollständig ist, beträgt fast 13 Mill. Dollar. Der Zollbetrag der zollpflichtigen Waren erscheint mit 29,54% des Wertes außerordentlich hoch; die Hauptmenge entfällt dabei auf die für Deutschland besonders wichtige Position 12 „Kohlenteerfarben, nicht besonders genannt“. Es ist vielleicht nicht uninteressant, zum Vergleich auch die Zahlen wiederzugeben, welche den Import an künstlichen Farbstoffen für einige Jahre seit 1890 enthalten.

	1890	1896	1900	1905	1910
Einfuhrwert (in 1000 Doll.)	1814	2918	4792	5635	6016
Gesamter Zollbetrag (in 1000 Doll.)	635	730	1438	1691	1818
Höhe des Wertzolls	35%	25%	30%	30%	30%

Unter den künstlichen Farbstoffen nimmt auch in Amerika der Indigo eine besondere Stellung ein. Seitdem der deutsche synthetische Indigo auf dem Markt erschienen ist, haben sich auch die amerikanischen Färbereien schnell diesem vorzüglichen Produkt zugewandt, und der natürliche Indigo mußte auch hier das Feld räumen. Die Entwicklung zeigt besonders deutlich die folgende Tabelle:

	1900	1905	1909	1910	1911
Gesamteinfuhr (in 1000 Pfd.)	2747	4830	8250	7539	6909
aus Deutschland	1072	4174	7989	6985	6488
aus anderen Ländern . .	1675	656	261	554	420
Wert der Gesamteinfuhr (in 1000 Doll.)	1446	874	1400	1196	1152
aus Deutschland	319	585	1242	1024	987

Im Gegensatz zu der Farbenindustrie hat sich die pharmazeutische Industrie, die sich besonders mit der Herstellung von Spezialpräparaten und Patentmedizinen beschäftigt, die meist in geschmackvoller Aufmachung auf den Markt gebracht werden, seit längerer Zeit vorzüglich entwickelt, und bereits 1905 zählte man 240 Anlagen, die über 7400 Arbeiter beschäftigten und deren Produktion einen Wert von 31,8 Mill. Dollar besaß. Die größte Zahl dieser Fabriken befindet sich in den dicht bevölkerten Oststaaten, in New York, Pennsylvanien und in Michigan; aber auch die Staaten Illinois, Indiana, Maryland weisen einige große Fabriken auf. Diese Industrie genießt auch einen recht bedeutenden Zollschutz, denn es entfiel auf die Einfuhr von pharmazeutischen Präparaten im Wert von 2 Mill. Dollar im Jahre 1910 ein Zollbetrag von 573000 Dollar, d. h. 27,87% vom Wert. Die Produkte der pharmazeutischen Industrie in Amerika werden übrigens auch in erheblichen Mengen exportiert und spielen schon seit Jahren eine bedeutende Rolle auf dem Weltmarkte. Im Jahre 1910 betrug der Export 5,848 Mill. Dollar, der sich auf folgende Länder verteilte:

	Wert in 1000 Dollar
England	1910
Kanada, Kuba und Mexiko	1373
Südamerika	1499
Australien	465
Sonstige Länder	601

Auch die Industrie der Parfümerien und kosmetischen Präparate ist mit der Zeit ein beachtenswerter Zweig der chemischen Technik geworden, obwohl die meisten Rohmaterialien aus dem Ausland eingeführt werden müssen. Bisher findet noch eine beträchtliche Einfuhr an synthetischen Riechstoffen aus Deutschland statt, während die Versorgung mit feineren Parfümerien durch Frankreich geschieht.

Von der Einfuhr des Jahres 1910 im Gesamtbetrage von 1,2 Mill. Dollar entfielen 1,04 Mill. oder 86 % auf Frankreich. Der Zollschutz für die amerikanische Parfümerieindustrie ist noch beträchtlicher als für andere Zweige der chemischen Industrie; er betrug nämlich im Jahre 1910 nicht weniger als 773000 Dollar, d. h. 64 % vom Wert. Die amerikanische Ausfuhr, die keineswegs unbedeutend ist und 1910 = 824000 Dollar betrug, ging vor allem nach Kanada, Peru, Mexico, Kuba und Panama, während England etwa $^1/_7$ derselben aufnahm.

Die nahen Beziehungen, welche vielfach zwischen der Industrie der Parfümerien und der Industrie der Seifen bestehen, geben auch dazu Veranlassung, diese Industrie kurz zu betrachten. Auch in Amerika hat die Seifenindustrie im Anschluß an die außerordentlich entwickelte Industrie der Fette und Öle einen großen Aufschwung genommen, wie ja überhaupt der große Verbrauch an Seife für die amerikanischen Verhältnisse im guten Sinne besonders charakteristisch ist, denn der Seifenverbrauch auf den Kopf der Bevölkerung berechnet erscheint bisher in der Union am größten. Die Produktion dürfte ungefähr der englischen gleichkommen, aber im Gegensatz zu ihr bleibt der größte Teil der amerikanischen Seife im Lande, während England bekanntlich einen sehr starken Export hat.

Bezüglich der Rohmaterialien befindet sich die amerikanische Seifenindustrie bei dem Reichtum an tierischen und pflanzlichen Fetten im Lande in einer sehr günstigen Lage; vielfach sind auch die Seifenfabriken Nebenbetriebe von großen Ölfabriken, welche in Form von Seife eine rationelle Ausnutzung derjenigen Fettprodukte vornehmen, die nicht zur Fabrikation von hochwertigen Speiseölen und festen Pflanzenfetten zu Genußzwecken dienen können.

Erwähnt sei auch, daß die amerikanische Seifenindustrie neuerdings außerordentlich große Mengen von Sojabohnenöl verbraucht. Der Wert der Einfuhr stieg von 1 Mill. Dollar im Jahre 1910 auf $2^1/_2$ Mill. im Jahre 1911. Mengenangaben liegen nur für 1911 vor, wo 41 Mill. Pfd. importiert wurden. Im Gegensatz zu der deutschen Industrie, welche immer noch zahlreiche Kleinbetriebe umfaßt, ist die Seifenindustrie in Amerika in verhältnismäßig wenigen Händen konzentriert. Schon im Jahre 1905, wo im ganzen 436 Anlagen gezählt wurden, welche Waren im Werte von 68,3 Mill. Dollar herstellten, entfiel weit mehr als die Hälfte, nämlich ein Gesamtwert von 38,1 Mill. Dollar, auf 13 Fabriken, welche ein Kapital von 1 Mill. Dollar und mehr besaßen. Die nächst kleinere Gruppe, die über ein Kapital von 100000 Dollar bis 1 Mill. verfügte, in der Gesamtzahl von 79 Fabriken, stellte für 22,8 Mill. Dollar Seifen her, so daß also auf die übrigbleibenden 344 Fabriken nur ein Betrag von 7,3 Mill. Dollar übrig blieb.

Erwähnt sei ferner noch in diesem Zusammenhang, daß jene großen Anlagen natürlich auch großen Wert auf die Gewinnung des wichtigsten Nebenproduktes der Seifenindustrie, des Glycerins legen, und daß diese Fabriken ebenso, wie auch die großen Schlachthäuser, welche ihre Abfallfette ja meist in rationeller Weise auf Seife verarbeiten, in eigenen Betrieben ihre Glycerinunterlaugen konzentrieren und raffinieren. Man kann den amerikanischen Verbrauch an Glycerin gegenwärtig auf über 40000 t schätzen, wovon etwa die Hälfte in Amerika selbst hergestellt wird. Aus dem Auslande wird vor allem Rohglycerin in großen Mengen eingeführt, während raffiniertes Glycerin an Menge und Wert dagegen stark zurücktritt.

Die großartige Entwicklung der Seifen- und Glycerinindustrie beruht in der Hauptsache, wie schon erwähnt, auf dem großen Reichtum des Landes an ölhaltigen Rohstoffen, unter denen die Baumwollsaat und die Leinsaat an erster Stelle stehen. Besonders die Industrie des Baumwollsaatöls gehört gegenwärtig zu den wichtigsten Zweigen der chemischen Industrie Nordamerikas. Auch hier finden wir eine außerordentlich schnelle Entwicklung. Während im Jahre 1880 erst 55 Mill. Pfd. rohes Baumwollsaatöl im Werte von $4^1/_2$ Mill. Dollar hergestellt wurden, hatte sich im Jahre 1900 die Produktion mit 724 Mill Pfd. im Werte von 42 Mill. Dollar mehr als verzehnfacht, und für das Jahr 1910 weist der Zensusbericht eine Produktion von 1260 Mill. Pfd. im Werte von 125 Mill. Dollar auf. Der größte Teil des amerikanischen Baumwollsaatöls wird in den Vereinigten Staaten selbst, vor allem für Speisezwecke nach erfolgter Raffination verbraucht. Die Ausfuhr erreichte mit 322,5 Mill. Pfd. im Werte von 22,83 Mill. Dollar im Jahre 1911 den bisher höchsten Stand. Die wichtigsten Abnehmer für diese Exportprodukte waren in diesem Jahr Holland, England, Italien, Frankreich, Mexiko und Deutschland.

Neben dem Baumwollsaatöl gehört das Leinöl, das in großen Mengen im Nordwesten der Vereinigten Staaten und in Kanada aus der Leinpflanze gewonnen wird, zu den wichtigsten ölhaltigen amerikanischen Rohstoffen. Es ist bekanntlich unentbehrlich für die Lack- und Firnißindustrie, die besonders in den Oststaaten schon seit langer Zeit einen großen Aufschwung genommen hat. Die amerikanische Leinsaatproduktion dient aber in erster Reihe der Versorgung des amerikanischen Marktes. Neuerdings hat auch die Industrie des Olivenöls in Kalifornien gute Fortschritte gemacht, die zurzeit etwa $10^0/_0$ des amerikanischen Marktes mit einem sehr hochwertigen Öl versorgt.

Zur Gruppe der Öle zählt der englische und amerikanische Sprachgebrauch bekanntlich auch das zur Klasse der Kohlenwasserstoffe gehörige Petroleum (Erdöl), das gleichfalls zu den wichtigsten Rohstoffen der chemischen Industrie gehört. Die beherrschende Stellung dieser Industrie auf dem Weltmarkt, die 1910 hier 127,9 Mill. Dollar rohes Erdöl lieferte, ist zu bekannt, um hier noch eingehend geschildert zu werden. Auch in den letzten Jahren hat die amerikanische Petroleumproduktion sich stark ausgedehnt, wie die folgende Tabelle (S. 44) zeigt.

Besonders bemerkenswert ist noch die starke Zunahme der Petroleumproduktion in den Weststaaten Kalifornien, Texas, Louisiana und Oklahoma, wo neuerdings die Verwendung von Erdöl besonders zu motorischen und zu Feuerungszwecken stark zugenommen hat.

Weltproduktion an Petroleum in den Jahren 1908—1910.

	1908 in 1000 t	1909 in 1000 t	1910 in 1000 t
Amerika (einschl. Mexiko)	23943	24285	30941
Rußland	8292	8852	8933
Galizien	1754	2077	1763
Rumänien	1148	1297	1352
Niederländisch-Indien	1389	1475	1970
Britisch-Indien	673	890	956
Japan	276	268	273
Deutschland	142	143	137
Andere Länder	682	574	850
Gesamtproduktion	32296	39862	47166

Die Produktion nach Menge und Wert, sowie der Anteil der einzelnen Staaten an der Versorgung des amerikanischen Marktes mit Erdöl zeigt die folgende Tabelle für das Jahr 1910:

Staat	Menge in 1000 Barrels	Wert in Mill. Doll.	Prozentualer Anteil
Kalifornien	73011	35,7	34,84
Oklahoma	52029	19,9	24,83
Illinois	33143	19,7	15,81
West-Virginia	11752	15,7	5,61
Ohio	9916	10,6	4,73
Texas	8899	6,6	4,25
Pennsylvanien	8794	11,9	4,20
Louisiana	6841	3,5	3,26
Indiana	2159	1,6	1,03
Kansas	1126	0,4	0,54
New York	1053	1,4	0,50
Übrige Staaten	220	0,25	0,40

Übersieht man das bisher auf chemisch-industriellem Gebiet in Amerika Geleistete, so ergibt sich, daß diese Industrie nur in verhältnismäßig wenigen Spezialzweigen, wo besonders günstige Bedingungen bezüglich der Rohstoffbeschaffung vorliegen, außergewöhnlich hervorragende Leistungen, welche den Vergleich mit europäischen Ländern in jeder Beziehung aushalten, aufzuweisen hat. Noch ist aber der natürliche Reichtum des Landes nicht überall in rationeller Weise zur Entfaltung gebracht worden, und man darf daher wohl behaupten, daß technische und wirtschaftliche Entwicklungsmöglichkeiten von großer Tragweite in Zukunft für zahlreiche chemische Industriezweige in den Vereinigten Staaten durchaus vorhanden sind. Die notwendige Voraussetzung für einen günstigen wirtschaftlichen Erfolg aber muß in Zukunft sicherlich noch eine gründlichere wissenschaftliche Durchbildung der höheren und niederen industriellen Beamten bilden, die auch von zahlreichen Amerikanern selbst als durchaus notwendig empfunden wird. Eine notwendige Voraussetzung für eine weitere günstige Entwicklung bildet ferner die weitere Gestaltung des gesamten Wirtschaftslebens in der Union, das ja in den letzten Jahren viel stärkeren Stürmen ausgesetzt gewesen ist als dasjenige der europäischen Kulturvölker; ferner kommt in Frage die brennende Frage der Transporttarife, die bei dem im Vergleich zu den europäischen Verhältnissen vielfach enormen Entfernungen geradezu die Rentabilität eines Betriebes in erster Reihe bestimmen. Und endlich wird auch in vielen Fällen die weitere Entwicklung der Zollfragen über das Gedeihen oder den Mißerfolg mancher Industrie entscheiden. Je mehr die amerikanische Industrie aber, auch in der chemischen Technik, nach Expansion auf dem Weltmarkt strebt — was bisher erst in einigen Zweigen der Fall ist — um so mehr wird sie auch dauernd mit der Konkurrenz anderer Länder rechnen müssen, deren Erzeugnisse bisher noch vielfach vom amerikanischen Markt durch die hohen Zollmauern und die vielbeklagten Zollschikanen ferngehalten werden konnten, und um so eher wird einmal die Frage zur Entscheidung kommen, ob die chemische Industrie Amerikas nur im Schatten des prohibitiven Schutzzolls dauernd gedeihen kann, oder ob sie dazu gelangen wird, sich wie die deutsche Industrie zu einem leistungsfähigen, in sich abgeschlossenen Organismus zu entwickeln.

III.

Der Handelsverkehr in Chemikalien zwischen Deutschland und den Vereinigten Staaten und die deutsche Handelsstatistik.

Es ist bekannt, daß die statistischen Angaben mehrerer Staaten über den Handelsverkehr fast niemals miteinander übereinstimmende Ziffern ergeben. Aus diesem Grunde erschien es geboten, den deutsch-amerikanischen Handelsverkehr mit Chemikalien auch auf Grund der deutschen Handelsstatistik einer näheren Beleuchtung zu unterziehen.

Für den Handelsverkehr zwischen den Vereinigten Staaten und Deutschland gelten folgende Hauptbestimmungen: auf die Erzeugnisse der Vereinigten Staaten von Amerika, einschließlich Portoriko, sind auf Grund des Gesetzes vom 5. Februar 1910 bis auf weiteres die in den geltenden Handelsverträgen zugestandenen Zollsätze anzuwenden (s. Reichsgesetz 1910, S. 387), und zwar so lange, als in den Vereinigten Staaten von Amerika die Erzeugnisse des Deutschen Reiches höheren Zollsätzen als den in Abschnitt I des jetzt geltenden amerikanischen Zolltarifgesetzes vom 5. August 1909 vorgesehenen nicht unterworfen werden.

Die Bedeutung der Vereinigten Staaten für den deutschen Handel ergibt sich aus der Tatsache, daß, abgesehen von den Jahren 1904 und 1905, 1909 und 1910, dieses Land die erste Stelle als Herkunftsland in der deutschen Einfuhr eingenommen hat. In der Ausfuhr stehen seit 1900 die Vereinigten Staaten an dritter Stelle. Nimmt man Ein- und Ausfuhr zusammen, so ergibt sich für 1909 die erste Stelle, für die Jahre 1900 bis 1908 die zweite und für das Jahr 1910 die dritte Stelle.

Vom Jahre 1901 bis 1910 betrug die Ein- und Ausfuhr Deutschlands von und nach den Vereinigten Staaten im Spezialhandel, ohne Edelmetalle, in Millionen Mark wie folgt:

Jahr	Einfuhr		Ausfuhr	
	Wert Mill. Mark	Prozentualer Anteil der Ver. Staaten	Wert Mill. Mark	Prozentualer Anteil der Ver. Staaten
1901	985,8	18,2	384,7	8,5
1902	893	15,7	449,1	9,3
1903	934,5	14,9	469	9,1
1904	943	13,8	499,4	9,3
1905	991,9	13,5	542,2	9,3
1906	1236,4	15,4	636,2	10
1907	1319,3	15,1	652,3	9,5
1908	1283,1	16,7	507,8	7,9
1909	1262,6	14,8	606,3	9,2
1910	1187,6	13,3	632,7	8,5

Diese Zahlen zeigen seit Beginn des Jahrhunderts im wesentlichen eine aufwärtssteigende Richtung. Sie spiegeln aber außerdem in deutlicher Weise den Einfluß der wirtschaftlichen Konjunktur wider, der meist einen viel größeren Einfluß auf den Handelsverkehr ausübt als selbst zollpolitische Veränderungen. Das Jahr 1907, bekanntlich ein Jahr der Hochkonjunktur auf dem gesamten Weltmarkt, zeigt bisher die höchsten Ziffern im Ein- und Ausfuhrhandel.

Nach der Handelsstatistik der Vereinigten Staaten nimmt Deutschland in der Ein- und Ausfuhr die zweite Stelle hinter England ein, dessen Vorsprung allerdings sehr beträchtlich ist. Seit 1904 betrug die Einfuhr der Vereinigten Staaten in den einzelnen Fiskaljahren insgesamt und aus den beiden Ländern in Millionen Dollar:

	insgesamt	aus Großbritannien	aus Deutschland
1904	991,1	165,8 = 16,7%	109,2 = 11,0%
1905	1117,5	175,8 = 15,7%	118,3 = 10,6%
1906	1226,6	210,0 = 17,1%	135,1 = 11,0%
1907	1434,4	246,1 = 17,2%	161,5 = 11,3%
1908	1194,3	190,4 = 15,9%	142,9 = 12 %
1909	1311,9	208,6 = 15,9%	143,5 = 10,9%

Ebenso ergibt sich in der Ausfuhr aus den Vereinigten Staaten insgesamt und nach England und Deutschland:

	insgesamt	nach Großbritannien	nach Deutschland
1904	1435,2	530,8 = 37,0%	212,4 = 14,8%
1905	1491,7	518,1 = 34,7%	191,3 = 12,8%
1906	1718,0	578,6 = 33,6%	232,4 = 13,5%
1907	1853,0	602,1 = 32,5%	254,3 = 13,7%
1908	1834,8	574,4 = 31,3%	274,2 = 14,9%
1909	1638,4	509,7 = 31,1%	232,8 = 14,2%

Wenn man die Ergebnisse der deutschen und amerikanischen Handelsstatistik miteinander vergleicht, so ist der amerikanische Ausfuhrwert am Versandorte gegenüber dem deutschen Einfuhrwert an der Grenze niedriger, die dortige Einfuhr höher als die deutsche Ausfuhr. Letztere müßte um Fracht und Kosten bis zur deutschen Grenze höher sein als der amerikanische Wert am deutschen Versandorte. Viel größere Unterschiede aber werden, abgesehen von den Fracht- und sonstigen Kosten, verursacht durch die verschiedene Bewertung der Waren in beiden Ländern. In Amerika ist die ausschließliche Wertanmeldung vorgeschrieben, während die überwiegende Wertermittlung der deutschen Einfuhr durch Sachverständige für die deutsche Handelsstatistik erfolgt. Daß dabei unter

Umständen sehr große Differenzen auftreten können, ergibt sich von selbst. Ein besonders praktisches Beispiel findet sich in Band 242 Nr. 19 der Statistik des Deutschen Reiches bei dem Artikel „Pelzwerk".

Im Jahre 1910 lieferten die Vereinigten Staaten für nicht weniger als 788 Mill. Mark Erzeugnisse der Land- und Forstwirtschaft, tierische und pflanzliche Naturerzeugnisse, einschließlich Nahrungs- und Genußmitteln. Diese gewaltige Summe stellt 66,4% der gesamten Einfuhr Deutschlands an diesen Produkten dar. Sehr stark abhängig ist der deutsche Markt ferner von Amerika in bezug auf Kupfer, von dem, einschließlich sonstiger unedler Metalle, für 218,6 Mill. Mark = 18,4% bezogen wurden; ferner in bezug auf mineralische und fossile Rohstoffe, Mineralöle, von denen für 84,3 Mill. Mark = 7,1% eingeführt wurden. Geringere Werte entfallen auf die Gruppe „chemische Erzeugnisse", 32,6 Mill. Mark = 2,7%, Maschinen usw. 26,4 Mill. Mark = 2,2%, Leder und Lederwaren 11,6 Mill. Mark. Die Haupteinfuhrwaren mit über 10 Mill. Mark hatten folgende Werte (in Mill. Mark): Baumwolle 397,4; rohes Kupfer 189,9; Schweineschmalz 63,7; rohe Pelztierfelle 62,4; Petroleum 46,3; Ölkuchen 29,1; Weizen 28,2; Nadelholz (nur längsgesägt) 24,8; Terpentinharze 20,2; Oleomargarin 19,4; Terpentinöl 17,6; natürlicher phosphorsaurer Kalk 14,9; Schmieröle 13,4; Mais 11,9. Wie man sieht, sind in dieser Tabelle eine ganze Reihe von überaus wichtigen Rohstoffen für die chemische Industrie.

Deutschland führt nach den Vereinigten Staaten viel mehr Fabrikate aus. An erster Stelle stehen Spinnstoffe und Waren daraus für 147,9 Mill. Mark = 23,4% unserer gesamten Ausfuhr; dann folgen sofort die chemischen Erzeugnisse mit 137,9 Mill. Mark = 21,8%. Diese Zahl zeigt aufs deutlichste die große Bedeutung des amerikanischen Marktes für die deutsche chemische Industrie.

Unter den einzelnen Warengattungen standen im Jahre 1910 Anilin- und andere nicht besonders genannte Teerfarbstoffe mit 28,1 Mill. Mark an zweiter Stelle, unmittelbar hinter Kinderspielzeug, von dem Waren im Werte von 28,3 Mill. exportiert werden. An dritter Stelle folgt Chlorkalium mit 26,2 Mill. Mark, an fünfter Kautschuk mit 19,3 Mill. Mark, an sechster Abraumsalze mit 18,0 Mill. Mark. Von den Waren, welche einen Gesamtwert von 5 Mill. Mark erreichten, gehörten zur chemischen Industrie Holzstoff (8,3), Palmkernöl (7,8), schwefelsaure Kalimagnesia (7,4), Chinin und andere Alkaloide (7,1), schwefelsaures Kali (6,6), Indigo (5,4). Wie man sieht, spielen die Rohstoffe in der deutschen Ausfuhr, abgesehen von den Abraumsalzen, nur eine geringe Rolle gegenüber den Fabrikaten.

Noch deutlicher ist die folgende Übersichtstabelle über Menge und Wert der deutschen Ein- und Ausfuhr von und nach Amerika für die Jahre 1908 bis 1910. Es kommen dafür hauptsächlich die Warengruppen 2, 3 und 4, sowie einige Erzeugnisse aus Warengruppe 1 des deutschen Warenverzeichnisses in Frage.

	Einfuhr						Ausfuhr					
	1910		1909		1908		1910		1909		1908	
	Menge 1000 t	Wert 1000 Mk.	Menge 1000 t	Wert 1000 Mk.	Menge 1000 t	Wert 1000 Mk.	Menge 1000 t	Wert 1000 Mk.	Menge 1000 t	Wert 1000 Mk.	Menge 1000 t	Wert 1000 Mk.
2. Mineralische und fossile Rohstoffe; Mineralöle.												
A. Erden und Steine . . .	306,2	16593	342	21616	441	32530	52,5	1981	60,4	2186	54,5	1886
B. Erze, Schlacken, Asche .	9,9	2023	9,2	1205	18,8	2361	2,4	718	2,4	478	0,7	93
C. Fossile Brennstoffe . . .	0,78	2	—	—	—	—	53,9	948	34,5	675	31,8	578
D. Mineralöle und sonstige fossile Rohstoffe . . .	950	65672	897	71971	951	77645	4,2	2323	3,3	2082	2,6	1205
E. Steinkohlenteer, Steinkohlenteeröle und Steinkohlenteerstoffe	0,17	16	—	—	—	—	36,1	6019	32,9	6361	38,0	5565
3. Zubereitetes Wachs, feste Fettsäuren, Kerzenstoffe, Lichte, Wachswaren, Seife und Waren daraus	13,9	5319	12,6	4674	14,5	5550	1,8	1773	2,0	1897	1,35	1422
4. Chemische und pharmazeutische Erzeugnisse, Farben und Farbwaren . .	50,3	32595	54,5	27332	54,0	25904	1148	137905	799	117669	61,4	90535
A. Chemische Grundstoffe, Säuren, Salze usw. . .	22,0	6114	24,1	5303	21,5	5232	1086	76331	748	55962	587	44309
B. Farben und Farbwaren .	4,6	2331	4,0	1964	3,9	1952	27,4	43245	26,2	45607	20,7	34298
C. Firnisse, Lacke, Kitte .	0,6	1226	0,5	872	0,6	874	0,25	394	0,17	222	0,11	142
D. Äther, Alkohole, ätherische Öle, künstliche Riechstoffe, Riech- und Schönheitsmittel	22,1	22218	25,1	18424	27,6	17079	0,32	2627	0,62	2987	0,43	1897
E. Künstliche Düngemittel .	0,5	43	0,4	29	0,1	9	36,8	2119	21,1	1353	3,7	232
F. Sprengstoffe, Schießbedarf und Zündwaren .	0,02	59	0,1	32	0,01	30	0,6	842	0,75	1911	0,46	1267
G. Chemische und pharmazeutische Erzeugnisse (nicht besonders genannt)	0,4	604	0,4	708	0,3	729	2,7	12347	2,5	9627	1,6	8390

Betrachtet man die chemischen Rohstoffe und Fabrikate im einzelnen, so ergibt sich für die Einfuhr von den Vereinigten Staaten nach Nordamerika in bezug auf Waren, deren Gesamtwert 250000 Mark erreichte, folgendes Bild:

	1910		1909		1908	
	Menge t	Wert 1000 Mk.	Menge t	Wert 1000 Mk.	Menge t	Wert 1000 Mk.
Leinsaat	148	44	—	—	—	—
Baumwollsaat	10283	1594	16495	2474	15514	2172
Terpentin- und Kopalharze	80993	20248	71431	13572	107826	19408
Kautschuk und Guttaperchaabfälle	498	399	179	129	196	157
Oleomargarin	17282	19355	16447	20052	17706	19476
Premier jus	4982	5081	2778	2722	2987	2868
Talg von Rindern und Schafen	2107	1433	1980	1228	4506	2614
Knochenfett, Abfallfette	256	133	1113	501	1007	403
Baumwollsamenöl in Fässern	8521	5174	28242	13374	35372	14849
Klauen-, Knochen-, Mais- und andere fette Öle in Fässern	2081	1180	2538	1379	4608	2133
Ölsäure	416	200	1503	594	2245	838
Schlempe und Rückstände von der Stärkeerzeugung	17974	2454	23549	2590	29583	3254
Phosphorsaurer Kalk	298358	14918	335475	20129	431670	30219
Zinkerze	8436	1139	3561	463	14605	1753
Erdöl, roh	3117	298	15152	1498	18103	1808
Erdöl, gereinigt (Brennöl)	787165	46273	747749	52809	828650	62069
Rohnaphtha, Rohbenzin	46179	5248	27231	3634	232	24
Stearin, Palmitinsäure und andere Kerzenstoffe	156	121	184	134	957	74
Paraffin, roh und gereinigt	6424	2570	5263	2052	3331	1499
Paraffinsalbe, Vaselin	635	381	640	384	1135	681
Schmiermittel aus Fetten oder Ölen	6486	2011	6286	1949	9656	2994
Schwefel	1639	180	3108	342	5063	557
Essigsaurer Kalk	16323	3265	17771	3199	13900	2780
Carbide	1049	1416	520	935	449	809
Metalloide, Säuren, Salze, nicht besonders genannt	2620	1048	1664	476	1372	514
Zinkoxyd, Zinkweiß	1962	785	2089	794	2107	927
Ruß, Kupferdruckschwärze, trocken	848	848	740	703	532	524
Lackfirnisse, Lacke ohne Weingeist, Zaponlack	342	940	268	670	317	691
Holzgeist, roh	3486	2266	2578	1547	2935	1467
Terpentinöl	18496	17571	22526	15768	24639	14783
Geheimmittel	5	100	8,3	166	8,6	344

Viel umfangreicher ist dagegen die deutsche Ausfuhrtabelle an Chemikalien.

	1910		1909		1908	
	Menge t	Wert 1000 Mk.	Menge t	Wert 1000 Mk.	Menge t	Wert 1000 Mk.
Kautschuk, roh oder gereinigt .	1 968	1 928	14 319	10 882	10 466	6 489
Guttapercha, roh oder gereinigt	73	340	137	466	30	59
Kautschuk, Guttaperchaabfälle	1 762	991	2 477	1 300	1 143	914
Knochenfett, Abfallfette . . .	4 899	948	3 759	1 271	4 000	1 800
Kakaobutter	399	814	692	1 427	307	768
Palmkernöl	10 321	7 837	11 325	6 915	7 630	3 891
Kartoffelstärke.	3 301	816	4 821	1 182	1 956	438
Stärkegummi	2 297	647	2 011	611	1 395	391
Mineralwasser	1 332	262	2 618	510	3 174	952
Chemisch zubereitete Nährmittel	56	363	38	196	23	230
Zement	14 110	496	34521	1 125	29 845	806
Schwefelsaurer Baryt u. Strontian	13 389	415	10 241	335	10 593	424
Steinkohlenkoks	51 935	886	32 540	569	28 578	457
Erdwachs, roh, Montanwachs .	1 222	649	858	557	580	475
Schwere Steinkohlenteeröle . .	30 564	41 701	26 844	1 412	33 034	1 487
Naphthalin	815	339	764	209	859	120
Phenol	644	372	766	512	781	508
Anilin und Anilinsalze	2 596	2 283	2 983	2 837	2 317	2 144
Naphthol	562	509	519	520	306	337
Anthrachinon, Nitrobenzol und andere Teerstoffe	511	698	489	724	384	864
Erdwachs, gereinigt, Ceresin .	763	584	676	605	581	610
Glycerin, roh	261	275	551	425	115	94
Oxalsäure und oxalsaure Salze	1 908	898	2 195	141	2 637	1 456
Abraumsalze	721 246	18 030	469 963	9 634	3 647 311	7 477
Chlorbarium	2 286	228	2 198	220	1 411	141
Ätzkali	2 601	910	1 706	597	1 636	572
Pottasche	6 465	2 264	5 932	2 106	5 968	2 089
Chlorkalk	10 241	923	11 344	1 021	6 331	570
Schwefelsaures Kali	39 793	6 574	34 564	5 703	25 957	4 283
Salpetersaures Kali.	659	287	630	274	10	5
Chromsaures und saures chromsaures Natron	289	147	862	414	511	225
Chromsaures und saures chromsaures Kali	512	312	596	346	436	240
Kaliblutlaugensalz, gelbes und rotes	450	380	358	305	337	321
Cyankalium und Cyannatrium	1 399	1 820	1 349	1 754	1 395	1 953
Brechweinstein und andere Antimonpräparate	108	140	310	341	182	219
Schwefelsaures Ammoniak . .	3 633	945	13	3	5,4	1
Arsenige Säure und Arsensäure	267	86	24	9	725	399
Arsenverbindungen, sonstige. .	418	247	751	398	470	296
Benzoesäure	199	479	119	285	158	410
Chlorkalium	180 589	26 186	132 197	19 169	100 587	14 585
Schwefelsaure Kalimagnesia . .	92 415	7 393	63 845	5 108	59 869	4 789
Salmiak	1 323	596	1 251	563	848	407
Zinnsalze	136	252	520	884	315	567
Metalloide, Säuren, Salze, nicht besonders genannt	3 215	4 640	2 325	3 022	1 634	1 456
Anilin- und andere Teerfarbstoffe	11 688	28 052	12 144	29 753	8 562	20 976
Alizarin	1 201	1 633	1 181	1 606	560	762
Alizarinfarbstoffe, bunte . . .	530	1 430	1 115	3 234	1 386	3 257
Indigo	3 489	5 408	3 402	5 274	2 957	4 731
Zinkoxyd	2 048	899	1 846	868	1 533	705
Zinkstaub	1 435	645	1 143	549	1 191	572
Bronzefarben	1 028	2 981	741	2 148	541	1 624
Lackfirnisse, Lacke ohne Weingeist	203	336	123	185	86	116

	1910		1909		1908	
	Menge t	Wert 1000 Mk.	Menge t	Wert 1000 Mk.	Menge t	Wert 1000 Mk.
Ätherische Öle	115	1 327	104	1 036	39	552
Künstliche Riechstoffe	86	1 037	142	1 417	79	89
Künstlicher Guano	10870	870	4 186	293	614	43
Knochenmehl	5 557	555	5 019	477	695	66
Thomasphosphatmehl	7 525	301	6 409	256	1 552	66
Superphosphate	6 828	393	5 440	327	893	57
Pechfackeln, Schwefelfaden und Zündschnuren	369	517	439	769	174	305
Leim	709	497	804	486	512	310
Gelatine	334	701	304	699	313	784
Chinin und Chininsalze	55	1 257	49	1 129	38	907
Andere Alkaloide und ihre Salze	38,7	5 798	18,5	3 512	16,7	3 167
Zubereitete Arzneiwaren und sonstige pharmazeutische Erzeugnisse	70,4	889	65,5	843	61,4	818
Chemische Erzeugnisse, nicht besonders genannt, zum Heilgebrauche	122	1 233	91,2	1 612	111	1 472
Für photographische Zwecke	48	242	48	114	39	93
Für andere Zwecke	92	280	98	312	37	144

Die obigen Zahlen zeigen im einzelnen, welch außerordentlich große Bedeutung der amerikanische Markt als Absatzgebiet für die deutsche chemische Industrie besitzt. Es erscheint gegenwärtig noch als verfrüht, über den Einfluß des hochschutzzöllnerischen Payne-Aldrich-Tarifs vom Jahre 1909 ein abschließendes Urteil abzugeben. Unter allen Umständen hat er keine wesentlichen Erleichterungen der deutschen Handelsbeziehungen geschaffen. Außerordentlich hindernd für die Ausdehnung der deutsch-amerikanischen Handelsbeziehungen erscheinen besonders manche Vorschriften im amerikanischen Zolltarif, welche der verschiedenartigen Auslegung der Zollbehörden Tür und Tor öffnen und dadurch ein gewisses Moment der Unsicherheit, das unter allen Umständen schädlich ist, hervorrufen.

Im folgenden sind die allgemeinen Vorschriften des amerikanischen Zolltarifgesetzes, soweit sie besonders für die chemische Industrie Bedeutung besitzen, abgedruckt, und im Anschluß daran die geltenden Tarifsätze des Payne-Aldrich-Tarifs, geordnet nach den 7 Klassen: I. Farben, II. Fette und Öle, III. Mineralöle und Teerstoffe, IV. Harze, Firnisse, Lacke, Klebstoffe, V. Zündwaren, VI. Heilmittel, Drogen, Alkaloide, und VII. besondere Chemikalien.

Die wichtigsten Bestimmungen des amerikanischen Zolltarifs.

Auf alle aus Deutschland eingeführte Waren finden die Sätze des Mindesttarifs Anwendung.

Jeder nicht aufgeführte Gegenstand, der in Stoff, Beschaffenheit, Gefüge oder nach Verwendungszweck einem im Tarif als zollpflichtig aufgeführten Gegenstand ähnelt, soll bei der Einfuhr demselben Zollsatz wie der aufgeführte Gegenstand unterliegen, dem er in irgendeiner der vorerwähnten besonderen Eigenschaften am meisten ähnelt.

Wenn ein nicht aufgeführter Gegenstand in gleicher Weise zweien oder mehreren aufgeführten, aber nach verschiedenen Sätzen zollpflichtigen Gegenständen ähnelt, so soll darauf derselbe Zoll erhoben werden, wie für den ihm ähnelnden Gegenstand, welcher dem höchsten Zollsatz unterliegt.

Nicht aufgeführte Gegenstände, die aus zwei oder mehreren Stoffen hergestellt sind, sollen nach dem höchsten Zollsatz verzollt werden, der auf sie angewendet werden würde, wenn sie ganz aus ihrem „Hauptbestandteil dem Werte nach" beständen.

Unter dem Ausdruck „Hauptbestandteil dem Werte nach" (component material of chief value) soll der Bestandteil verstanden werden, der jedem anderen Einzelbestandteil gegenüber im Werte überwiegt; der Wert des einzelnen Bestandteils soll bestimmt werden durch den Wert des Stoffes in dem Zustand, wie er sich in dem Gegenstande vorfindet.

Wenn zwei oder mehrere Zollsätze auf einen eingeführten Gegenstand anwendbar sind, so soll die Verzollung nach dem höchsten dieser Zollsätze erfolgen.

Umschließungen oder Behälter aus Papier, Karton oder Pappe, die lediglich zur Aufnahme und Umschließung der darin enthaltenen Waren dienen und nach solcher Verwendung völlig wertlos sind, sollen nur zollpflichtig sein, wenn ihr Inhalt zollpflichtig ist.

Alle Fakturen über eingeführte Waren sollen in der Münze des Ortes oder Landes, von wo die Einfuhr erfolgt, oder wenn die Waren gekauft sind, in der wirklich dafür gezahlten Münze aufgestellt werden; die Fakturen müssen eine genaue, vollständige und ausführliche Beschreibung der Waren sowie der sie enthaltenden Verpackungen, Umhüllungen oder sonstigen Umschließungen enthalten und in dreifachen oder, wenn die Waren zur sofortigen Weiterbeförderung ohne Abschätzung bestimmt sind, in vierfachen Ausfertigungen ausgestellt und von dem Inhaber oder Absender der Waren unterzeichnet sein, wenn diese tatsächlich gekauft sind, oder von dem Fabrikanten oder Eigentümer, wenn die Waren auf andere Weise als durch Kauf erworben sind, oder ferner von dem gehörig ermächtigten Agenten eines solchen Käufers, Verkäufers, Fabrikanten oder Eigentümers.

Alle derartigen Fakturen müssen bei oder vor Absendung der Waren dem Konsularbeamten der Vereinigten Staaten des Konsulatsbezirks, wo die Waren zur Ausfuhr nach den Vereinigten Staaten hergestellt oder gekauft sind, je nach Lage des Falles, vorgelegt werden, und es muß auf ihnen bei der Vorlegung eine von dem Käufer, Verkäufer, Fabrikanten, Eigentümer oder Agenten unterzeichnete Erklärung abgegeben werden, die dartut, daß die Faktur in jeder Hinsicht richtig und wahrheitsgetreu, und daß sie an dem Orte aufgestellt ist, von wo die Ware nach den Vereinigten Staaten ausgeführt werden soll; daß sie, wenn die Ware durch Kauf erlangt worden, enthält: wahrheitsgetreue und ausführliche Angaben der Zeit, wann, des Ortes, wo, und der Person, von der die Ware gekauft worden, ferner des wirklichen Kostenpreises der Waren und aller Unkosten darauf; daß in der Faktur keine anderen Abzüge, Prämien oder Abgabevergütungen, als tatsächlich auf die Waren gewährt worden, aufgeführt sind; und wenn die Waren auf irgendeine andere Weise als durch Kauf erlangt worden, ihren wirklichen Marktwert oder Großhandelspreis zur Zeit der Ausfuhr nach den Vereinigten Staaten an den Hauptmärkten des Landes, von wo die Waren ausgeführt werden; daß dieser wirkliche Marktwert der Preis ist, zu dem die in der Faktur beschriebene Ware auf den betreffenden Märkten allgemein zum Kaufe angeboten wird und welchen der die oben erwähnte Erklärung abgebende Fabrikant oder Eigentümer für die betreffende, auf dem gewöhnlichen Geschäftsweg in den üblichen Großhandelsmengen verkaufte Ware erhalten haben würde und willens war entgegenzunehmen; und daß in diesem Preise alle Unkosten auf die Waren, wie gesetzlich vorgesehen, begriffen sind, ferner die wirkliche Menge der Waren und daß keine andere von der in Rede stehenden verschiedene Faktur irgend jemandem behändigt worden ist oder behändigt werden wird. Wenn die Ware tatsächlich gekauft worden ist, so muß in der Erklärung auch die Angabe enthalten sein, daß die Münze, worin die Faktur aufgestellt, diejenige ist, die von dem Käufer wirklich für die Ware gezahlt worden ist.

Mit Ausnahme von Gegenständen zum persönlichen Gebrauche, die ein Reisender mit sich führt, ist die Einfuhr von Waren, deren Wert 100 Dollar übersteigt, nicht ohne Vorlegung einer gehörig beglaubigten Faktur, wie gesetzlich vorgeschrieben, oder einer seitens des Besitzers, Einführers oder Empfängers vor dem Zollkollektor oder dessen Vertreter abgegebenen eidlichen Erklärung (Affidavit) der Gründe, weshalb die Beibringung einer Faktur nicht möglich ist, zulässig; auf eine solche eidliche Erklärung hin darf indes im Falle des Fehlens einer beglaubigten Faktur die Eingangsabfertigung nur erfolgen, wenn solcher eidlichen Erklärung eine Aufstellung in Form einer Faktur oder in anderer Weise beigefügt ist, woraus der wirkliche Kostenpreis der Ware, wenn sie gekauft ist, oder, wenn sie in anderer Weise als durch Kauf erlangt worden, der wirkliche Marktwert oder Großhandelspreis an den Hauptmärkten des Landes zur Zeit der Ausfuhr nach den Vereinigten Staaten ersichtlich ist; die Aufstellung muß von dem Eigentümer, Einführer, Empfänger oder Agenten, der die Ware abfertigen zu lassen wünscht, vor dem Zollkollektor oder dessen Stellvertreter eidlich als richtig erhärtet werden, und der Zollkollektor oder sein Stellvertreter soll gesetzlich berechtigt sein, die genannten Personen über den Ursprung ihres Wissens, ihrer Kenntnis oder ihres Vertrauens in die Richtigkeit der Angaben unter Eid zu vernehmen und von ihnen die Vorlegung solcher in ihrem Besitz oder ihrer Obhut befindlichen Briefe, Papiere oder Rechnungen zu verlangen, die den Zollbeamten bei Feststellung des wirklichen Wertes der eingeführten Waren oder eines Teiles davon von Nutzen sein können. Verweigert ein Eigentümer, Einführer, Empfänger oder Agent derartige von ihm verlangte Vorlagen, so soll es ihm später nicht gestattet sein, Briefe, Papiere oder andere Schriftstücke zu dem Zwecke zu unterbreiten, die Entrichtung eines gesetzlich verwirkten Zuschlagzolls oder einer Strafe sowie die Konfiskation zu verhindern, wenn es ihm nicht gelingt, das Gericht oder die Zollbeamten, je nach Lage des Falles, davon zu überzeugen, daß es nicht in seiner Macht gelegen habe, solche, als sie von ihm verlangt wurden, vorzulegen. Es dürfen den Bestimmungen dieses Abschnitts zufolge keine Waren einklariert werden, wenn sich der Zollkollektor nicht davon überzeugt hält, daß das Fehlen der beglaubigten Faktur auf Ursachen zurückzuführen ist, wofür der Eigentümer, Einführer, Empfänger oder Agent nicht verantwortlich ist. Der Zoll soll in keinem Falle von einem geringeren Betrag als dem einklarierten Werte erhoben werden.

Wenn eine behufs der Zollentrichtung einklarierte Ware seitens oder für Rechnung ihres Herstellers an eine Person, einen Agenten, Geschäftsteilhaber oder Empfänger in den Vereinigten Staaten zum Zwecke des Verkaufs gesandt ist, so müssen die Genannten bei der Einklarierung der Ware dem Zollkollektor des Hafens, wo die Einklarierung stattfindet, als zu der letzteren gehörend und zur Vervollständigung der beglaubigten Faktur oder der in Form davon gemachten Aufstellung, wie gesetzlich vorgeschrieben, eine von dem Hersteller unterzeichnete Aufstellung über die Herstellungskosten der Ware unterbreiten, worin alle die im nachstehenden Abschnitt erwähnten Bestandteile der Kosten einbegriffen sind. Wenn eine behufs Zollentrichtung einklarierte Ware von einer anderen Person als dem Hersteller der Ware oder für deren Rechnung an eine Person, einen Agenten, Teilhaber oder Empfänger in den Vereinigten Staaten zum Zwecke des Verkaufs gesandt ist, so müssen die Genannten bei der Einklarierung der Ware dem Zollkollektor des Hafens, wo die Einklarierung stattfindet, als zu der letzteren gehörend eine von dem Absender der Ware unterzeichnete Aufstellung unterbreiten, worin erklärt wird, daß die Ware für ihn oder für seine Rechnung wirklich gekauft worden, und woraus die Zeit, wann, der Ort, wo, und die Person, von der die Ware gekauft worden, und ferner der dafür bezahlte Preis zu entnehmen sind. Die vorstehenden Aufstellungen müssen dreifach ausgefertigt und mit der Bescheinigung des Konsularbeamten der Vereinigten Staaten in dem Konsulatsbezirke versehen sein, wo die Ware hergestellt worden, wenn diese von dem Hersteller oder für seine Rechnung versandt ist, oder von wo aus sie eingeführt worden, wenn sie von einer anderen Person als dem Hersteller der Ware versandt ist.

Wenn der durch das Gesetz bestimmte wirkliche Marktwert einer eingeführten, ganz oder teilweise bearbeiteten und einem Wertzoll oder einem ganz oder teilweise auf den Wert gegründeten Zolle unterworfenen Ware nicht zur Zufriedenheit des abschätzenden Beamten festgestellt werden kann, so soll der Beamte alle statthaften, ihm zu Gebote stehenden Mittel anwenden, um die Herstellungskosten der Ware zur Zeit der Ausfuhr nach den Vereinigten Staaten am Herstellungsorte zu ermitteln; in die Herstellungskosten müssen die Kosten des Rohstoffs und der Verarbeitung sowie alle allgemeinen Unkosten, die auf mindestens 10 v. H. zu schätzen sind, einbegriffen sein, ferner alle mit der Herstellung in Verbindung stehenden Ausgaben, die mit der Herrichtung und Verpackung der Ware zum Versand verbundenen Ausgaben und ein Zuschlag von nicht weniger als 8 und nicht mehr als 50 v. H. auf die so festgestellten Gesamtkosten; in keinem Falle soll die Ware bei der ersten Abschätzung oder bei der Wiederabschätzung zu einem geringeren als dem auf diese Weise festgestellten Betrage der Gesamtherstellungskosten abgeschätzt werden. Der durch das Gesetz bestimmte wirkliche Marktwert oder Großhandelspreis einer eingeführten Ware, die zum Verkauf in den Vereinigten Staaten gesandt oder zur Ausfuhr nach den Vereinigten Staaten verkauft, aber tatsächlich nicht im offenen Markte des Herkunftslandes verkauft oder allen Käufern in üblichen Großhandelsmengen allgemein zum Verkauf ausgeboten wird, soll in keinem Falle geringer abgeschätzt werden als zu dem Großhandelspreise, zu dem solche oder ähnliche Einfuhrwaren in den Vereinigten Staaten im offenen Markte wirklich verkauft oder zum Verkauf in üblichen Großhandelsmengen allgemein angeboten werden, unter Abzug eines angemessenen Betrags für Zölle, Kosten der Beförderung, Versicherung und andere notwendige Ausgaben vom Orte der Verladung bis zum Bestimmungsort und einer Kommissionsgebühr von nicht mehr als 6 v. H. für konsignierte Güter, wenn eine solche gezahlt oder die Zahlung ausbedungen ist, oder für verkaufte Waren nach Abzug eines angemessenen Betrags für allgemeine Unkosten und Gewinn (nicht mehr als 8 v. H.).

Wenn eingeführte Waren einem Wertzoll oder einem Zolle, der auf dem Werte beruht oder in irgendeiner Weise durch den Wert bestimmt wird, unterliegen, so soll der Zoll darauf festgesetzt werden nach dem wirklichen Marktwert oder Großhandelspreise der Waren zur Zeit der Ausfuhr nach den Vereinigten Staaten an den Hauptmärkten des Landes, von wo die Ware kommt. Als wirklicher Marktwert soll der Preis gelten, zu dem die Ware an den erwähnten Märkten allen Käufern in den üblichen Großhandelsmengen offen zum Verkauf angeboten wird, sowie der Preis, den der Hersteller oder Eigentümer für die Ware erhalten haben würde und anzunehmen willens war, wenn die Ware im gewöhnlichen Geschäftsweg in den üblichen Großhandelsmengen verkauft worden wäre, einschließlich des Wertes aller Schachteln, Dosen, Körbe, Kisten, Säcke, Fässer, Tonnen, Oxhofte, Flaschen, Krüge, Korbflaschen, Ballons und sonstigen Behälter oder Umschließungen, gleichviel ob sie Flüssigkeiten oder feste Waren enthalten, und einschließlich aller mit dem Herrichten und Verpacken der Waren zur Ausfuhr nach den Vereinigten Staaten verbundenen Kosten, Abgaben und Unkosten; und wenn zur Verpackung von eingeführter zollpflichtiger oder zollfreier Ware irgendein ungewöhnlicher Gegenstand oder irgendeine ungewöhnliche Form benutzt wird, die zu einem anderen Zwecke als zur bona fide-Beförderung der betreffenden Waren nach den Vereinigten Staaten bestimmt sind, so soll ein Zollzuschlag auf den betreffenden Stoff oder den betreffenden Gegenstand zu dem Satze erhoben werden, wie er entrichtet werden müßte, wenn das Verpackungsmaterial für sich eingeführt würde. Unter den Ausdrücken „Wert“ oder „wirklicher Marktwert“ oder „Großhandelspreis“, wo immer sie in dem Gesetz oder in irgendeinem die Abschätzung eingeführter Waren betreffenden Gesetze vorkommen, ist, wie vorstehend näher bestimmt ist, der tatsächliche Marktwert oder Großhandelspreis von solchen oder ähnlichen Waren zu verstehen, die sich dem Werte nach mit den eingeführten Waren vergleichen lassen.

Die Zollsätze für Chemikalien im Payne-Aldrich-Tarif.

I. Farben usw.

			Maßstab	Zollsatz Doll.	Cent
1.	10	Pflanzliche Kohle in jeder Form, in diesem Gesetze nicht besonders vorgesehen; Knochenkohle zum Entfärben von Zucker verwendbar, sowie Blutkohle	v. Werte	20 v. H.	
	13	Kreide, gemahlen, gesiebt, auf natürlichem oder künstlichem Wege geschlämmt oder anderweit zubereitet, in Form von Würfeln, Blöcken, Stangen, Scheiben oder in anderer Form, einschl. Schneider, Billard-, rote oder spanische Kreide	Pfund	—	1
		[Waren aus Kreide, in diesem Abschnitt nicht besonders vorgesehen	v. Werte	25 v. H.]	
	15	Kohlenteer-Farbstoffe oder Farben, in diesem Abschnitt nicht besonders vorgesehen	„	30 v. H.	
	18	Farbmittel für Branntwein, Wein, Bier oder andere Getränke	„	50 v. H.	
	22	Auszüge und Abkochungen von Blauholz und anderen Farbhölzern sowie Auszüge von Rinden, wie sie gewöhnlich zum Färben oder Gerben benutzt werden, in diesem Abschnitt nicht besonders vorgesehen	Pfund	—	7/8
		Galläpfelauszug, wässeriger	„	—	1/4
			u. v. Werte	10 v. H.	
		Gelbbeerenauszug	v. Werte	20 v. H.	
		Chlorophyll	„	20 v. H.	
		Quebrachoauszüge:			
		mit einer Dichte bis zu 28° Baumé	Pfund	—	1/2
		mit einer Dichte von 20° Baumé	„	—	3/4
		Hemlockrindenauszug	„	—	1/2
		Auszüge von Sumach und anderen als Farbhölzern, in diesem Abschnitt nicht besonders vorgesehen	„	—	5/8
		Alle in diesem Abschnitt nicht besonders vorgesehenen pflanzlichen Auszüge zum Färben, Beizen oder Gerben, die keinen Weingeist enthalten und nicht medizinischer Art sind	v. Werte	15 v. H.	
	25	Indigo-Auszüge oder -Pasten	Pfund	—	3/4
		Indigo-Karmin	„	—	10
	42	Barium, schwefelsaures, oder Schwerspat, einschl. Baryterde:			
		unverarbeitet	Tonne	1	50
		verarbeitet	„	5	25
	43	Blau wie Berliner-, Preußisch-, Chinesisch- und alle anderen Ferrocyanid enthaltende Blaufarben [in Teigform], trocken [oder mit Öl oder Wasser angerieben oder gemischt]	Pfund	—	8
	44	Blanc Fixe oder künstliches schwefelsaures Barium und Atlasweiß oder künstliches schwefelsaures Calcium	„	—	1/2
	45	Schwarz aus Knochen, Elfenbein oder Pflanzenstoffen, gleichviel unter welchem Namen bekannt, einschl. Beinschwarz und Lampenruß, trocken [oder mit Öl oder Wasser angerieben]	v. Werte	25 v. H.	

Nr.	Ware	Maßstab	Zollsatz Doll.	Cent
46	Chromgelb, Chromgrün und alle anderen Chromfarben, zu deren Herstellung Blei und doppeltchromsaures Kalium und Natrium verwendet werden [in Teigform], trocken, [oder mit Öl oder Wasser angerieben oder gemischt] . .	Pfund		$4\frac{3}{8}$
47	Ocker und Ockererde, Siena und Sienaerde, sowie Umbra und Umbraerde, in diesem Abschnitt nicht besonders vorgesehen:			
	roh oder nicht zerrieben, geschlämmt oder gepulvert . .	„	—	$\frac{1}{8}$
	zerrieben, geschlämmt oder gepulvert	„	—	$\frac{3}{8}$
	[mit Öl oder Wasser angerieben	„	—	1]
48	Orangerot, mineralisches (orange mineral)	„	—	$3\frac{1}{4}$
50	Ultramarinblau, trocken [in Teigform oder mit Wasser gemischt], ultramarinhaltiges Waschblau	„	—	3
52	Zinnoberrot:			
	quecksilberhaltig, trocken [oder mit Öl oder Wasser angerieben]	„	—	10
	nicht quecksilberhaltig, sondern aus Blei hergestellt oder bleihaltig	„	—	$4\frac{7}{8}$
53	Bleiweiß und weißes bleihaltiges Pigment, trocken [oder in Teigform oder mit Öl angerieben oder gemischt] . .	„	—	$2\frac{1}{2}$
54	Schlämmkreide und Pariser Weiß:			
	trocken	„	—	$\frac{1}{4}$
	[mit Öl angerieben oder als Glaserkitt	„	—	$\frac{1}{2}$]
55	[Zinkoxyd und] weißes zinkhaltiges Pigment, aber ohne Bleigehalt:			
	trocken	„	—	1
	[mit Öl angerieben	„	—	$1\frac{3}{4}$]
	Zinksulfidweiß	„	—	$1\frac{1}{4}$
56	Alle Farben, Farbstoffe, Pigmente, Beizen, Lackfarben, [Zeichenstifte, einschl. Zeichen- oder Reißkohle], Smalte und Glasflocken, roh, trocken [oder mit Wasser oder Öl oder mit anderen Auflösungen als Öl angerieben oder gemischt], in diesem Abschnitt nicht anderweit besonders vorgesehen	v. Werte	30 v. H.	
	Alle Glasuren, Flußmittel, Emaillen und Farben, die ausschl. bei der Herstellung emaillierter Ton- und Glaswaren verwendet werden	„	30 v. H.	
	[Alle Farben, Farbstoffe und Pigmente, gewöhnlich als Maler-Farben oder -Farbstoffe bekannt, in Röhren, Schalen, Täfelchen oder in anderer Form	„	30 v. H.	
57	Pariser Grün und Londoner Purpur	„	15 v. H.	
82	Sumach, gemahlen	Pfund	—	$\frac{3}{10}$
487	Alizarin, natürliches oder künstliches, und Farbstoffe aus Alizarin oder Anthracen		frei	
494	Annatto, Roucou, Rocoa oder Orlean und alle Auszüge daraus		frei	
499	Stoffe in rohem Zustand, zur Verwendung beim Färben oder Gerben, nicht besonders vorgesehen		frei	
531	Kreide, roh, nicht gemahlen, gebeutelt, geschlämmt oder anderweit bearbeitet.		frei	
539	Kochenille		frei	
550	Persio (roter Indigo)		frei	
557	Divi-Divi		frei	
575	Gambir		frei	
592	Indigo		frei	

			Maß-stab	Zollsatz Doll. Cent
	605	Färbelack (lac dye) roh, [Körnerlack, Knopflack, Stocklack und Schellack]		frei
	615	Lackmus, auch zubereitet		frei
	617	Krapp und Munjeet oder ostindischer Krapp, gemahlen oder zugerichtet, und Auszüge daraus		frei
	632	Myrobalanen		frei
	642	Orseille oder Orseillesaft		frei
	654	Graphit		frei
	663	Safran und Saflor sowie Auszug daraus und Safrankuchen		frei
	693	Terra alba, nicht aus Gips oder Gipsstein hergestellt		frei
	694	Terra japanica		frei
	705	Eckerdoppern		frei
	718	Lasurblau (Zaffer)		frei
		„Farbhölzer" „Galläpfel" siehe VI. 1. Nr. 20 und 559.		
		„Mennige" siehe VII. 3. Nr. 49.		
		„Operment oder Schwefelarsen" siehe VII. 6. Nr. 497.		
2.	7	Wichse aller Art	v. Werte	25 v. H.
		Alle Crêmes und Zubereitungen zum Reinigen oder Blankmachen von Stiefeln und Schuhen	„	25 v. H.
	26	Tinte und Tintenpulver	„	25 v. H.
	472	Hülsen aus Papier, Holz oder anderem Stoffe außer Metall, mit Blei oder anderem Material gefüllt, sowie Bleistifte	Gros	— 45
			u. v. Werte	25 v. H.
		[Schieferstifte, in Holz gefaßt	v. Werte	35 v. H.
		Alle anderen Schieferstifte	Hundert	— 3]
	473	Stiftblei, nicht in Holz- oder anderer Fassung:		
		schwarz	Unze	— 3/4
		farbig	„	— 1 1/4
		Kopierstifte	„	— 2
		„Farben in Öl oder Wasser gerieben" siehe 1. Nr. 43, 45/47, 50, 52/56.		
		„Kreidewaren" siehe 1. Nr. 13.		
		„Künstlerfarben usw. in Röhren, Kapseln usw." siehe 1. Nr. 56.		
		„Zeichenstifte" siehe 1. Nr. 56.		

II. Fette und Öle usw.

1.	2	Weingeisthaltige Mischungen, einschl. aller Waren aus pflanzlichen, tierischen oder mineralischen Stoffen, die in Weingeist getaucht oder gesetzt oder damit gesättigt sind, nicht besonders vorgesehen	Pfund	— 60
			u. v. Werte	25 v. H.
	3	[Alkalien, Alkaloide], destillierte Öle, flüchtige Öle, ausgepreßte Öle, [ausgelassene Öle] sowie alle Mischungen aus den vorstehenden Stoffen, [alle chemischen Verbindungen, Gemische und Salze sowie alle Fette, nicht besonders vorgesehen]	v. Werte	25 v. H.
		[Chemische Verbindungen, Gemische und Salze, die Weingeist enthalten oder bei deren Herstellung Weingeist verwendet wird, soweit sie nicht besonders vorgesehen sind]	Pfund	— 55]

	Nr.	Ware	Maßstab	Zollsatz Doll.	Cent
		In keinem Falle soll indessen eine der vorstehenden Erzeugnisse einem geringeren Zolle unterliegen als 25 v. H. des Wertes.			
	12	Kampfer, gereinigt, und synthetischer Kampfer	Pfund	—	6
	21	Äther:			
		Schwefeläther	„	—	8
		Salpeteräther	„	—	20
		Fruchtäther, Öle oder Essenzen	„	1	—
		Äther aller Art, nicht besonders vorgesehen	„	—	50
		Äthylchlorid	v. Werte	30 v. H.	
		Keine der in diesem Paragraphen erwähnten Waren soll indessen einem geringeren Zollsatz unterliegen als 25 v. H. des Wertes.			
	39	Pfefferminzöl	Pfund	—	25
	527	Kampfer, roh, natürlicher		frei	
	639	Öle: Mandel-, Bernstein-, rohes und gereinigtes graues Bernstein- (Ambergris-), Anis- oder Anissamen-, [Anilin-,] Spiek-, Bergamott-, Cajeput-, Kümmel-, Cassia-, Zimt-, Zedrat-, Kamillen-, Zitronell-, [Zibet-, Kokosnuß- (ungereinigt und noch nicht von dem schlechten Geruche befreit), Baumwollsaat-, Kroton-], Fenchel-, [Ichthyol-,] Jasmin-, [Juglandium-,] Wacholderbeer-, Lavendel-, Zitronen-, Limonen-, Muskat-, Neroli- oder Orangenblütenöl, [„enfleurage"-Fett, Blütenessenzen, fest und flüssig ohne Zusatz, Nußöl oder Öl von Nüssen, Sojabohnenöl, Olivenöl zum Genuß oder für mechanische oder gewerbliche Zwecke unbrauchbar gemacht durch bestimmte, von dem Schatzamtssekretär für hinreichend erachtete Mittel und unter Beobachtung der von diesem zu erlassenden Vorschriften,] Rosenöl, [Palm-, Palmkern-,] Rosmarin-, [Sesam- oder Sesamsamen- oder Bohnen-,] Thymian-, rotes oder weißes Majoran-, Baldrianöl; [ferner Walratöl, Walfischtran und andere Öle von Fischen amerikanischer Fischereien, und alle Fisch- und anderen Erzeugnisse solcher Fischereien; Petroleum, roh oder gereinigt, einschließlich Kerosin, Benzin, Naphtha, Gasolin und ähnliche Petroleumerzeugnisse]		frei	
	700	Terpentinöl, rektifiziert (spirits)		frei	
2.	67	Riechmittel, einschl. des Kölnischen und anderer Toilettewasser, Riechwaren in Säckchen (Sachets) oder in anderer Weise sowie alle Haar-, Mund-, Zahn- oder Hautpflegemittel wie kosmetische Mittel, Zahnpulver, mit Einschluß der Zahnseifen, Schminken, einschl. Theater-Fett-Schminken und -Pasten, Pomaden, Puder sowie andere Toilettegegenstände, alle diese:			
		wenn sie Weingeist enthalten oder wenn bei ihrer Herstellung oder Zubereitung Weingeist verwendet wird	Pfund	—	60
			u. v. Werte	50 v. H.	
		wenn sie keinen Weingeist enthalten oder wenn bei ihrer Herstellung oder Zubereitung Weingeist nicht verwendet wird	v. Werte	60 v. H.	
		Blumen- oder Blütenwasser, nicht weingeisthaltig, nicht besonders vorgesehen	„	20 v. H.	
	83	Vanillin	Unze	—	20

	Nr.	Ware	Maßstab	Zollsatz Doll.	Cent
	305	Bay-Rum oder Bay-Wasser, destilliert oder gemischt, für den ersten Grad (first proof) und für den über den „first proof“ hinausgehenden Gehalt verhältnismäßig	Gallon von Normalstärke	1	75
	528	Bibergeil		frei	
	533	Zibet, roh		frei	
	631	Moschus, roh, in natürlichen Beuteln		frei	
	697	Tonkabohnen		frei	
		„Joßstäbe“ siehe 5. Nr. 599.			
		„Zibetöl“ siehe 1. Nr. 639.			
3.	aus 290	Wollfett, einschl. des im Handel als Degras oder braunes Wollfett bekannten:			
		roh und ungereinigt oder nicht in Wert oder Beschaffenheit verbessert	Pfund	—	$^{1}/_{4}$
		gereinigt oder in Wert oder Beschaffenheit verbessert, und nicht besonders vorgesehen	„	—	$^{1}/_{2}$
	580	Fette, pflanzlicher Talg und Öle (ausgenommen Fischöle), [wie gewöhnlich bei der Seifenfabrikation oder beim Drahtziehen oder] zum Fetten oder Zurichten von Leder gebraucht werden und nur dazu geeignet, nicht besonders aufgeführt		frei	
4.	69	Marseiller Seife	Pfund	—	$1^{1}/_{4}$
		Heilkräftige oder mit Heilstoffen versetzte Seife	„	—	20
		Feine oder wohlriechende Toiletteseife	v. Werte	50 v. H.	
		Alle anderen nicht besonders vorgesehenen Seifen	„	20 v. H.	
	669	Waschmittel für Schafe		frei	
5.	24	Glycerin:			
		roh, ungereinigt	Pfund	—	1
		gereinigt	„	—	3
	aus 290	Talg	„	—	$^{1}/_{2}$
	506	Bienenwachs		frei	
	599	Joß-Stäbe oder Lichte		frei	
	640	Oleostearin		frei	
	707	Wachs, pflanzliches oder mineralisches		frei	
		„Paraffin“ siehe III. 2. Nr. 645.			

III. Mineralöle

	Nr.	Ware	Maßstab	Zollsatz Doll.	Cent
1.	aus 626	Petroleum, roh oder gereinigt, einschl. Kerosin, Benzin, Naphtha, Gasolin und ähnliche Petroleumerzeugnisse		frei	
2.	15	Kohlenteer-Farbstoffe und -Farben, nicht besonders vorgesehen	v. Werte	30 v. H.	
		Alle anderen Erzeugnisse und Zubereitungen aus Kohlenteer, die keine Farben oder Farbstoffe und nicht medizinischer Art sind, sofern nicht besonders vorgesehen	„	20 v. H.	
	aus 90	Kalkstein-Asphalt	Tonne	—	50
		Asphalt und Erdharz, nicht besonders vorgesehen, roh:			
		nicht getrocknet oder anderweit in irgendeiner Form im Werte erhöht	„	1	50
		getrocknet oder anderweit in irgendeiner Form im Werte erhöht	„	3	—
	491	Anilinsalze		frei	

			Maß-stab	Zollsatz Doll. Cent
	498	Arseniksaures Anilin		frei
	525	Burgunderpech		frei
	536	Kohlenteer, roh, Pech aus Kohlenteer und Erzeugnisse aus Kohlenteer, bekannt als totes oder Kresotöl, Benzol, Toluol, Naphthalin, Xylol, Phenol, Kresol, Toluidin, Xylidin, Kumidin, Binitrotoluol, Binitrobenzol, Benzidin, Tolidin, Dianisidin, Naphthol, Naphthylamin, Diphenylamin, Benzaldehyd, Benzylchlorid, Resorcin, Nitrobenzol und Nitrotoluol, Naphthylaminsulfosäuren und deren Natrium- oder Kaliumsalze, Naphtholsulfosäuren und deren Natrium- oder Kaliumsalze, Amidonaphtholsulfosäuren und deren Natrium- oder Kaliumsalze, [Amidosalizylsäure,] Binitrochlorbenzol, [Diamidostilbendisulfosäure, Methanilsäure,] Paranitranilin, Dimethylanilin, alle diese, soweit sie nicht medizinischer Art und nicht Farben oder Farbstoffe sind		frei
	645	Paraffin		frei
	690	Holz-Teer und -Pech		frei
		„Alizarin usw.“ siehe I. 1. Nr. 487.		
		„Anilinöl“ siehe II. 1. Nr. 639.		
		„Karbolsäure“ siehe VII. 2. Nr. 482.		

IV. Harze usw.

1.	30	Chicle	Pfund	— 10
	469	Geigenharz in Schachteln, Hülsen oder anderswie	v. Werte	20 v. H.
	488	Bernstein und Amberoid, unverarbeitet, oder rohes Pflanzenharz, Kauriharz und Kopalharz		frei
	489	Grauer Amber		frei
	503	Stinkasant (Asa foetida)		frei
	504	Gileadbalsam		frei
	558	Drachenblut		frei
	582	Guttapercha, roh		frei
	591	Kautschuk, roh und Kautschukmilch		frei
	684	Storax		frei
	699	Terpentin, venetianischer		frei
		„Balsame, Gummi und Gummiharze“ siehe VI. 1. Nr. 20 und 559.		
		„Körnerlack usw.“ siehe I. 1. Nr. 605.		
2.	35	Lein- und Mohnöl, [roh,] gekocht oder oxydiert	Gallon von 7½ Pfd. Gew.	— 15
	51	Firnisse einschl. des sogenannten Goldgrund oder Japan-Lacks	v. Werte	25 v. H.
		Emailfarben, mit Firnis angerieben	„	35 v. H.
		Spirituslack:		
		5 v. H. oder mehr Methylalkohol enthaltend	Gallon u. v. Werte	— 35 35 v. H.
		weniger als 5 v. H. Methylalkohol enthaltend	Gallon u. v. Werte	1 32 35 v. H.
3.	17	Kollodium und alle Verbindungen aus Pyroxylin oder anderen Zellulose-Estern, gleichviel ob als Zellhorn oder unter irgendeinem anderen Namen bekannt	Pfund	— 40

	Nr.	Ware	Maßstab	Zollsatz Doll. Cent
	23	Gelatine, Leim, Hausenblase oder Fischleim, einschl. Agar-Agar oder japanische Hausenblase, sowie alle Fischblasen, anders als roh oder getrocknet oder nur zur Haltbarmachung gesalzen:		
		im Werte bis höchstens 10 Cent das Pfund	Pfund	— $2^1/_2$
		im Werte von mehr als 10, aber nicht über 35 Cent das Pfund	v. Werte	25 v. H.
		im Werte von mehr als 35 Cent das Pfund	Pfund	— 15
			u. v. Werte	20 v. H.
		Gelatine in Tafeln, Emulsionen sowie alle Waren aus Gelatine oder solche, bei denen Gelatine dem Werte nach den Hauptbestandteil bildet, nicht besonders vorgesehen	v. Werte	35 v. H.
		Leimwasser	„	25 v. H.
	aus 257	Eiweißstoff von Ei oder Blut	Pfund	— 3
	297	Dextrin, Dextrin-Ersatzstoffe, lösliche Stärke oder chemisch behandelte Stärke, gebrannte Stärke, Gummiersatz oder Britischer Gummi	„	— $1^1/_2$
	486	Eiweißstoff, nicht besonders vorgesehen	frei	
	607	Lactarin oder Kasein	frei	
	708	Oblaten, ungesäuert oder nicht eßbar	frei	
		„Glaserkitt" siehe I. 1. Nr. 54.		

V. Zündwaren.

	Nr.	Ware	Maßstab	Zollsatz Doll. Cent
1.	435	Schießpulver sowie alle beim Bergbau, zu Spreng-, Artillerie- oder Jagdzwecken verwendete Explosivstoffe[1]:		
		im Werte bis zu 20 Cent das Pfund	Pfund	— 2
		im Werte von mehr also 20 Cent das Pfund	„	— 4
	437	Zündhütchen, Patronen und leere Patronenhülsen . . .	v. Werte	30 v. H.
		Sprengkapseln	Tausend	2 25
		Minen-, Spreng- oder Sicherheitszünder jeder Art, dem Hauptwert nach nicht aus Baumwolle bestehend. . . .	v. Werte	35 v. H.
		„Pikrinsäure" s. VII. 2. Nr. 482.		
2.	433	Schwärmer aller Art	Pfund	— 8
		Bomben, Raketen, römisches Licht und Feuerwerkskörper aller Art, nicht besonders vorgesehen	„	— 12
		Zum Gewichte sind alle Umhüllungen und alles Verpackungsmaterial hinzuzurechnen.		
	434	Knallpräparate, Knallpulver und ähnliche Waren:		
		zur Verwendung im Bergbau	v. Werte	20 v. H.
		alle anderen, nicht besonders vorgesehen	„	30 v. H.
	436	Streichzündhölzer jeder Art:		
		das Gros zu 144 Schachteln, deren jede nicht mehr als 100 Zündhölzer enthält	Gros	— 6
		wenn anderweit eingeführt als in Schachteln mit je nicht mehr als 100 Zündhölzern	1000 Zündhölzer	— $^3/_4$
		Wachs- und feine (fancy) Zündkerzen und Wachskerzen . .	v. Werte	35 v. H.
	680	Feuerschwamm	frei	

[1] Über den Verkehr mit Explosivstoffen bestehen besondere Bestimmungen.

VI. Heilmittel.

Nr.	Ware	Maßstab	Zollsatz Doll. Cent
1. 20	Drogen: Rinden, Bohnen, Beeren, [Balsame,] Knospen, Zwiebeln, Zwiebelwurzeln, Auswüchse, Früchte, Blüten, getrocknete Pflanzenfasern, getrocknete Insekten, Körner, [Gummi und Gummiharz,] Kräuter, Blätter, Flechten, Moose, Nüsse, [Galläpfel,] Wurzeln, Stengel, Gewürze, Pflanzen, Sämereien (würzige, keine Gartensämereien), Samen von Giftpflanzen, Unkraut, [und Hölzer, ausschließl. zum Färben oder Gerben verwendbar]; alle vorstehend aufgeführten Waren, wenn sie natürliche und nicht zusammengesetzte Drogen und nicht eßbar und nicht besonders genannt sind, sofern in Wert und Beschaffenheit durch irgendein Verfahren oder eine Behandlung über den Zustand hinaus verbessert, wie eigens für die Verpackung der Drogen und zum Schutze vor Verfaulen und Verderben während der Bearbeitung unbedingt notwendig ist	Pfund u. v. Werte	— 1/4 10 v. H.
483	Akonit	—	frei
505	Chinarinde oder andere Rinden, woraus Chinin gewonnen werden kann	—	frei
538	Kokkelskörner (cocculus indicus)	—	frei
554	Löwenzahnwurzel, roh, getrocknet oder ungetrocknet, aber nicht gemahlen	—	frei
559	Drogen wie Rinden, Bohnen, Beeren, [Balsame,] Knospen, Zwiebeln, Zwiebelwurzeln, Auswüchse, Früchte, Blüten, getrocknete Fasern, getrocknete Insekten, Körner, [Gummi und Gummiharz,] Kräuter, Blätter, Flechten, Moose, Nüsse, [Galläpfel,] Wurzeln, Stengel, Gewürze, Pflanzen, Sämereien (würzige, keine Gartensämereien), Samen von Giftpflanzen, Unkraut [und ausdrücklich zum Färben oder Gerben verwendbare Holzarten]; alle diese als natürliche und nicht zusammengesetzte Drogen, nicht eßbar und in diesem Abschnitt nicht besonders vorgesehen, in rohem Zustand und durch kein Verfahren oder keine Behandlung über den Zustand hinaus in Wert oder Beschaffenheit erhöht, wie er eigens für die Verpackung der Drogen und zum Schutze gegen Fäulnis oder Verschlechterung während der Verarbeitung unumgänglich nötig ist	—	frei
	Indessen soll keine alkoholhaltige Ware, oder solche, bei deren Herstellung Alkohol verwendet wird, auf Grund dieses Paragraphen zollfrei gelassen werden.		
562	Mutterkorn	—	frei
594	Ipecacuanha	—	frei
597	Jalappewurzel	—	frei
611	Süßholzwurzel, ungemahlen	—	frei
620	Manna	—	frei
623	Eibisch- oder Althääwurzel, -Blätter oder -Blüten, in natürlichem Zustand oder unverarbeitet	—	frei
636	Brechnuß (nux vomica)	—	frei
606	Salepwurzel	—	frei
688	Tamarinden	—	frei
698	Kurkumawurzel	—	frei

	Nr.	Ware	Maßstab	Zollsatz Doll. Cent
	ohne Nr.	Drogen, [Arzneien oder Mittel] irgendeiner Art zur Verhinderung der Empfängnis oder zum Zweck ungesetzlicher Abortion	verboten	
		Ausgenommen sind vorgenannte [Arzneien und] Drogen, wenn sie in größeren Mengen (in bulk) und nicht für obige Zwecke zurechtgemacht, eingeführt werden.		
2.	14	Chloroform	Pfund	— 10
	28	Jodoform	„	— 75
	29	Süßholzauszug in Pasten, Stangen oder anderen Formen	„	— $2^1/_2$
	41	Opium, roh oder unverarbeitet und unverfälscht, mit einem Gehalte von 9 v. H. und mehr Morphin	„	1 50
		Opium derselben Zusammensetzung, getrocknet, gepulvert oder in anderer Weise über den Zustand eines rohen und unverarbeiteten Opiums hinaus behandelt	„	2 —
		Morphium oder Morphin, schwefelsaures, und alle Alkaloide des Opiums, sowie dessen Salze und Ester, Kokain, Ekgonin sowie alle Salze und Derivate davon	Unze	1 50
		Kokablätter	Pfund	— 5
		Wässeriger Auszug von Opium für medizinische Zwecke, Opiumtinktur wie Laudanum und andere flüssige Opiumzubereitungen, nicht besonders vorgesehen	v. Werte	40 v. H.
		Opium, das weniger als 9 v. H. Morphin enthält	Pfund	6 —
		Opiumzubereitungen, die in Zollagern niedergelegt sind, dürfen ohne Entrichtung der Zollgefälle daraus nicht entnommen werden; für solche Zollgefälle findet eine Rückzahlung nicht statt.		
		Keine der hierin enthaltenen Bestimmungen soll indessen so ausgelegt werden, daß dadurch die Vorschriften eines Gesetzes, betreffend das Verbot der Einfuhr und der Verwendung von Opium zu anderen als medizinischen Zwecken, vom 9. Februar 1909 aufgehoben oder in irgendeiner Weise entkräftet oder berührt werden.		
	65	Heilmittelzubereitungen, die Weingeist enthalten oder bei deren Herstellung Weingeist verwendet wird, nicht besonders vorgesehen	„	— 55
		Jedoch soll eine solche Zubereitung unter keinen Umständen einem geringeren Zolle als 25 v. H. des Wertes unterliegen.		
		Kalomel, Ätzsublimat und andere medizinische Quecksilberzubereitungen	v. Werte	35 v. H.
		Alle anderen, nicht besonders vorgesehenen Heilmittelzubereitungen	„	25 v. H.
		Chemikalien, Drogen, heilkräftige und andere Stoffe, zollpflichtige oder zollfreie, in Kapseln, Pillen, Tabletten, Pastillen, Täfelchen oder ähnlichen Formen eingehend und zu Heilzwecken bestimmt, sind zu keinem niedrigeren Zollsatz zu verzollen, als auf Heilmittelzubereitungen gelegt ist.		
	66	Heilpflaster aller Art und Englischpflaster	„	25 v. H.
	68	Santonin und alle Salze daraus, die 80 v. H. oder mehr Santonin enthalten	Pfund	— 50
	80	Strychnin und alle Strychninsalze	Unze	— 15
	218	Saccharin	Pfund	— 65

		Maß-stab	Zollsatz Doll. Cent
	aus 248 Milchzucker	Pfund	— 5
	aus 257 Getrocknetes Blut, wenn löslich	„	— 1½
	566 Fibrin in allen Formen	—	frei
	658 Chinin, schwefelsaures und alle Alkaloide oder Salze der Chinarinde	—	frei
	662 Lab, roh oder zubereitet	—	frei
	665 Salicin (Weidenbitter)	—	frei
	704 Lymphe zum Impfen	—	frei

„Alkaloide" siehe VII. 4. Nr. 3.
„Arzneien usw. verboten" siehe 1. ohne Nr.
„Magnesia usw. für medizinische Zwecke" siehe VII. 4. Nr. 31.
„Medizinische Seifen usw." siehe II. 4. Nr. 69.

VII. Besondere Chemikalien.

		Maß-stab	Zollsatz
1.	479 Abfall, nicht besonders vorgesehen	v. Werte	10 v. H.
	503 Holzasche [und Aschenlauge] sowie Zuckerrübenasche	—	frei
	513 Blut, getrocknet, nicht besonders vorgesehen	—	frei
	515 Knochen, roh oder nicht gebrannt, calciniert, gemahlen, gedämpft oder anderweit bearbeitet, sowie Knochenmehl oder Tierkohle, Knochenasche, nur zu Dungzwecken geeignet	—	frei
	581 Guano, Dünger und alle lediglich als Dünger verwendbaren Stoffe, einschließlich basischer Schlacke, gemahlen oder ungemahlen, und Calciumcyanamid oder Kalkstickstoff	—	frei
	651 Phosphate, roh	—	frei
2.	1 Säuren:		
	Essig oder Holzsäure:		
	mit einem spezifischen Gewichte bis zu 1,047	Pfund	— ¾
	mit einem spezifischen Gewichte von mehr als 1,047	„	— 2
	Essigsäureanhydrid	„	— 2½
	Borsäure	„	— 3
	Chromsäure	„	— 2
	Zitronensäure	„	— 7
	Milchsäure:		
	mit einem Gehalte bis 40 v. H. Gewichtsteilen wirklicher Milchsäure	„	— 2
	mit mehr als 40 v. H. Gewichtsteilen wirklicher Milchsäure	„	— 3
	Oxalsäure	„	— 2
	Salicylsäure	„	— 5
	Schwefelsäure oder Vitriolöl, nicht besonders aufgeführt	„	— ¼
	Gerbsäure oder Tannin	„	— 35
	Gallussäure	„	— 8
	Weinsteinsäure	„	— 5
	Alle anderen nicht besonders aufgeführten Säuren	v. Werte	25 v. H.
	482 Säuren: Arsensäure oder arsenige Säure, Benzoesäure, [Karbolsäure,] Flußsäure, Chlorwasserstoffsäure oder Salzsäure, Salpetersäure, Phosphorsäure, Phthalsäure, [Pikrinsäure oder Nitropikrinsäure,] Blausäure, Kieselsäure und Baldriansäure	—	frei

	Nr.	Ware	Maßstab	Zollsatz Doll. Cent
	687	Schwefelsäure, die bei der Temperatur von 60° Fahrenheit kein größeres spezifisches Gewicht als $1^{380}/_{1000}$ zeigt, zum Gebrauche bei der Herstellung von Kalksuperphosphat oder künstlichem Dünger jeder Art oder für landwirtschaftliche Zwecke	—	frei
		Schwefelsäure, die aus einem unabhängigen oder abhängigen Lande eingeführt wird, das auf die aus den Vereinigten Staaten kommende Schwefelsäure einen Zoll erhebt, soll einem Zolle von $^1/_4$ Cent für das Pfund unterliegen.		
		„Amidosalicylsäure“, „Diamidostilbendisulfosäure“, „Methanilsäure“ } siehe III. 2. Nr. 536.		
3.	4	Tonerdehydrat oder gereinigter Bauxit:		
		mit einem Gehalte von höchstens 64 v. H. Tonerde	Pfund	— $^4/_{10}$
		mit einem Gehalte von mehr als 64 v. H. Tonerde	„	— $^6/_{10}$
	16	Kobaltoxyd	„	— 25
	49	Mennige	„	— $2^5/_8$
	aus 58	Bleiglätte	„	— $2^1/_2$
	61	Ätzkali oder Kalihydrat, gereinigt, in Stangen oder Rollen	„	— 1
	aus 73	Ätznatron oder kaustische Soda	„	— $^1/_2$
	aus 183	Monazitsand und Thorit	„	— 4
		Thoriumoxyd	v. Werte	40 v. H.
	530	Cerium	—	frei
	619	Manganoxyd [und Manganerz]	—	frei
	685	Strontiumoxyd und -Protoxyd [sowie Strontianit oder mineralischer kohlensaurer Strontian]	—	frei
	695	[Zinnerz], Kassiterit oder schwarzes Zinnoxyd, [und Zinn] in Barren, Blöcken, Mulden oder gekörnt	—	frei
		Indessen soll auf Kassiterit oder schwarzes Zinnoxyd, auf Zinn in Barren, Blöcken, Mulden sowie auf gekörntes Zinn ein Zoll von 4 Cent für das Pfund gelegt werden, wenn dem Präsidenten der Vereinigten Staaten genügend nachgewiesen wird, daß die Gruben der Vereinigten Staaten 1500 Tonnen Kassiterit und Barren-, Block- und Muldenzinn jährlich liefern. Der Präsident soll diese Tatsache durch Proklamation bekanntgeben, worauf die vorgesehenen Zölle in Kraft treten.		
	703	Uranium-Oxyd [und -Salze]	—	frei
	706	Grünspan oder Kupfersubacetat	—	frei
		„Alkalien“ siehe 4. Nr. 3.		
		„Aschenlauge“ siehe 1. Nr. 503.		
		„Ätzkali oder Kalihydrat“ siehe 4. Nr. 655.		
		„Zinkoxyd“ siehe I. 1. Nr. 55.		
4.	3	[Alkalien, Alkaloide, destillierte Öle, flüchtige Öle, ausgepreßte Öle, ausgelassene Öle] sowie alle Mischungen aus den vorstehenden Stoffen, alle chemischen Verbindungen, Gemische und Salze sowie alle Fette, nicht besonders vorgesehen	v. Werte	25 v. H.

		Maß-stab	Zollsatz Doll. Cent
	Chemische Verbindungen, Gemische und Salze, die Weingeist enthalten oder bei deren Herstellung Weingeist verwendet wird, soweit sie nicht besonders vorgesehen sind	Pfund	— 55
	In keinem Falle soll indessen eines der vorstehenden Erzeugnisse einem geringeren Zolle unterliegen als 25 v. H. des Wertes.		
aus 4	Alaun, Alaunkuchen (alum cake), schwefelsaure Tonerde, Tonerdekuchen (aluminous cake) mit einem Gehalte bis zu 15 v. H. Tonerde und mehr als $^3/_{10}$ v. H. Eisenoxyd	„	— $^1/_4$
	Alaun, Alaunkuchen, Patentalaun, schwefelsaure Tonerde sowie Tonerdekuchen, mit einem Gehalte von mehr als 15 v. H. Tonerde oder nicht mehr als $^3/_{10}$ v. H. Eisenoxyd	„	— $^3/_8$
5	Ammoniak:		
	kohlensaures	„	— $1^1/_2$
	salzsaures oder Salmiak	„	— $^3/_4$
	flüssiges, wasserfreies	„	— 5
6	Roher Weinstein oder rohe Weinhefe	v. Werte	5 v. H.
	Weinstein- und Hefen-Kristalle oder teilweise gereinigter Weinstein:		
	bis zu 90 v. H. doppeltweinsteinsaures Kalium enthaltend, und weinsteinsaures Natrium oder Kalium oder Rochelle-Salz	Pfund	— 3
	mit mehr als 90 v. H. doppeltweinsteinsaurem Kalium	„	— 4
	Weinsteinrahm und Patent-Weinstein	„	— 5
8	Bleichpulver oder Chlorkalk	„	— $^1/_5$
9	Kupfervitriol oder schwefelsaures Kupfer	„	— $^1/_4$
11	Borax	„	— 2
	Borsaures Calcium und Natrium oder andere nicht besonders vorgesehene Borstoffe	„	— 2
19	Eisenvitriol oder schwefelsaures Eisenoxydul	„	— $^{15}/_{100}$
31	Magnesia und kohlensaures Magnesium für medizinische Zwecke	„	— 3
	Calciniertes, medizinisches Magnesium	„	— 7
	Schwefelsaures Magnesium oder Bittersalz	„	— $^1/_5$
aus 55	Zinkchlorid und Zinksulfat	„	— 1
58	Blei:		
	essigsaures, weiß	„	— 3
	„ braun, grau oder gelb	„	— 2
	salpetersaures	„	— $2^1/_4$
60	Doppeltchromsaures und chromsaures Kalium	„	$2^1/_4$
aus 61	Chlorsaures Kalium	„	— 2
62	Jodwasserstoffsaures Kalium, Jodkalium und jodsaures Kalium	„	— 25
63	Salpetersaures Kalium oder gereinigter Salpeter	„	— $^1/_2$
64	Rotes Blutlaugensalz	„	— 8
	Gelbes Blutlaugensalz	„	— 4
	Cyankalium	v. Werte	$12^1/_2$ v. H.

Nr.	Ware	Maß-stab	Zollsatz Doll.	Cent
70	Doppeltkohlensaures Natrium oder hyperkohlensaures Natrium oder Saleratus, und andere Alkalisalze mit 50 v. H. oder mehr doppeltkohlensaurem Natrium . . .	Pfund	—	$^{5}/_{8}$
71	Doppeltchromsaures und chromsaures Natrium	,,	—	1$^{3}/_{4}$
72	Kristallinisches kohlensaures Natrium oder konzentrierte Sodakristalle oder das Monohydrat oder Sesquikarbonat	,,	—	$^{1}/_{4}$
	Chlorsaures Natrium	,,	—	1$^{1}/_{2}$
aus 73	Salpetrigsaures Natrium und gelbes Ferrocyannatrium	,,	—	2
	Schwefligsaures Natrium mit einem Gehalt an schwefligsaurem Natrium bis zu 35 v. H. sowie überschwefligsaures Natrium	,,	—	$^{3}/_{8}$
	Schwefligsaures Natrium, konzentriert, oder mit einem Gehalt an schwefligsaurem Natrium von mehr als 35 v. H.	,,	—	$^{3}/_{4}$
74	Sodasalz oder Sodakristalle, nicht konzentriert	,,	—	$^{1}/_{6}$
75	Sodaasche	,,	—	$^{1}/_{4}$
	Arseniksaures Natrium	,,	—	1
76	Natrium-Wasserglas oder andere Alkalisilicate	,,	—	$^{3}/_{8}$
77	Schwefelsaures Natrium oder Salzkuchen oder Nitratkuchen	Tonne	1	—
aus 88	Künstlicher schwefelsaurer Kalk (pearl hardening) zum Gebrauche für Papierfabrikanten	v. Werte	20 v. H.	
aus 183	Thoriumsalze	,,	40 ,,	
295	Salz:			
	in Beuteln, Säcken, Fässern oder anderen Umschließungen	100 Pfund	—	11
	lose	,,	—	7
	Unter Zollkontrolle eingeführtes Salz kann zum Einsalzen von Fischen, die von fischereiberechtigten Fahrzeugen gefangen sind, und zum Einsalzen von Fischen an den Küsten der schiffbaren Gewässer der Vereinigten Staaten unter Beobachtung der vom Sekretär des Schatzamts hierüber zu erlassenden Vorschriften verwendet werden, und auf Grund des Nachweises, daß das Salz zu einem der in dieser Anmerkung angegebenen Zwecke verwendet ist, soll der Zoll darauf erlassen werden. Ausführern von eingelegtem oder geräuchertem Fleisch, das in den Vereinigten Staaten mit eingeführtem Salze gepökelt ist, soll auf Grund genügenden, unter Beobachtung der vom Sekretär des Schatzamts hierüber zu erlassenden Vorschriften geführten Nachweises, daß solches Fleisch mit eingeführtem Salze gepökelt ist, vom Schatzamt der auf das derart zum Pökeln des ausgeführten Fleisches verwendete Salz entrichtete Zoll in Beträgen von mindestens 100 Dollar erstattet werden.			
490	Schwefelsaures Ammonium		frei	
601	Aschensalz (Kelp)		frei	
602	Kieserit		frei	
604	[Cyanit und] Kainit		frei	
606	Lackspiritusauflösungen (lac spirits)		frei	
613	Zitronensaures Calcium		frei	
618	Magnesit, roh oder calciniert, nicht gereinigt		frei	

			Maß-stab	Zollsatz Doll. Cent
	627	Mineralsalze, aus Mineralwassern durch Eindampfen gewonnen, wenn von einem in gehöriger Form ausgestellten Zeugnis und dem genügenden Nachweis begleitet, daß sie in keiner Weise künstlich hergestellt und lediglich das Erzeugnis einer bestimmten Mineralquelle sind		frei
	655	Pottasche, roh, oder „Schwarzsalze"; kohlensaures Kalium, roh oder gereinigt; [Kalihydrat oder Ätzkali, ausschließlich gereinigtes, in Stangen oder Rollen]; salpetersaures Kalium oder Salpeter, roh; schwefelsaures Kalium, roh oder gereinigt, und salzsaures Kalium		frei
	677	Natrium, salpetersaures, oder Salpeter in Würfeln		frei
		„Strontianit" siehe 3. Nr. 685.		
		„Uraniumsalze" siehe 3. Nr. 703.		
5.	311	[Ingwer-Ale, Ingwer-Bier, Limonade,] Sodawasser und andere ähnliche nicht weingeisthaltige Getränke:		
		in schlichten grünen oder farbigen, geformten oder gepreßten Glasflaschen:		
		je nicht mehr als 3/4 Pint enthaltend	Dtzd. Flaschen	— 18
		je mehr als 3/4, aber nicht mehr als 1 1/2 Pint enthaltend	„	— 28
		Von den Flaschen soll indessen kein besonderer oder Zuschlag-Zoll erhoben werden.		
		in anderer Verpackung als in schlichten grünen oder farbigen, geformten oder gepreßten Glasflaschen, oder in Flaschen, die je mehr als 1 1/2 Pint enthalten	Gallon	— 50
		Daneben soll auf die Flaschen oder sonstigen Umschließungen ein Zoll zu den Sätzen erhoben werden, die in Berechnung kämen, wenn die Umschließungen leer eingeführt würden.		
		Nicht besonders genannte Getränke mit nicht mehr als 2 v. H. Weingeistgehalt sollen nach diesem Paragraphen verzollt werden.		
	312	Alle Mineralwasser und alle Nachahmungen natürlicher Mineralwasser sowie alle nicht besonders vorgesehenen künstlichen Mineralwasser in Flaschen oder Krügen:		
		je nicht mehr als 1 Pint enthaltend	Dtzd. Flaschen	— 20
		je mehr als 1 Pint, aber nicht mehr als 1 Quart enthaltend	„	— 30
		wenn in Flaschen oder Krügen von mehr als 1 Quart eingehend	Gallon	— 24
		anders als in Flaschen oder Krügen eingehend	„	— 8
		Daneben soll bei allen vorstehenden Waren auf die Flaschen oder anderen Gefäße ein Zuschlagzoll in Höhe von 1/3 der Sätze erhoben werden, die in Berechnung kämen, wenn die Umschließungen leer oder für sich eingeführt würden.		
	590	Eis		frei
6.	27	Jod, resublimiert	Pfund	— 20
	32	Hilfsmittel zur Alizarinfärberei (alizarin assistant), Sulforicinölsäure und Ricinölsäure sowie Seifen, die Ricinusöl enthalten, alle vorstehend aufgeführten Waren in jeder Form:		
		wenn bei der Herstellung 50 v. H. oder mehr Ricinusöl verwendet ist	Gallon	— 30

		Maßstab	Zollsatz Doll. Cent
	wenn bei der Herstellung weniger als 50 v. H. Ricinusöl verwendet ist	Gallon	— 15
	Alle übrigen Hilfsmittel zur Alizarinfärberei sowie alle löslichen Fette, die zum Weichmachen, Färben und Fertigmachen verwendet werden und nicht besonders genannt sind	v. Werte	2 30 v. H.
59	Phosphor	Pfund	— 18
81	Schwefel, gereinigt oder sublimiert, oder Schwefelblumen	Tonne	4 —
aus 183	Mit Chemikalien oder Metalloxyden behandelte Gasglühstrümpfe sowie Abfälle von Glühstrümpfen, dem Hauptwert nach aus Metalloxyden bestehend	v. Werte	40 v. H.
497	Arsenik und Schwefelarsen oder Operment		frei
593	Jod, roh		frei
686	Schwefel, gefällter, sowie Rohschwefel, unverpackt, Schwefelerz wie Pyrite oder Schwefeleisen in natürlichem Zustand, mehr als 25 v. H. Schwefel enthaltend, und Schwefel anderweit nicht aufgeführt		frei

Über die Klassifikation und den Zollsatz von Einfuhrwaren geben die einzelnen Zollstellen der Vereinigten Staaten auf Anfragen leider keine amtlich bindende Auskunft. Der Grund für das ablehnende Verhalten der Zollstellen liegt darin, daß zwei gleichstehende Verwaltungsstellen nebeneinander bestehen, nämlich der Collector of Customs, der das Treasury Department, also den Zollfiskus, vertritt, und die Appraisers, General Appraisers und das Board of General Appraisers, denen die Klassifikation und Wertabschätzung der Waren zusteht. Da in vielen Fällen der Collector und die Appraisers über die Klassifikation und den Zollsatz einer Ware verschiedener Meinung sind und im Streitverfahren ihre Ansichten bis zum höchsten Gerichtshof verfechten, so kann keine der Zollstellen eine bindende Auskunft geben. Die Zollstellen sind auch keineswegs verpflichtet, eine amtliche Auskunft auf Anfragen zu erteilen. Importeure, Zollanwälte und Zollhausmakler erhalten infolge ihrer Beziehungen zu den Examinors, welche die Vorabschätzung der Waren besorgen, und zu den Appraisers und zu den Beamten des Collectors eine provisorische und unverbindliche Auskunft, wenn sie Muster von Waren vorzeigen, über deren Klassifikation sie im Unklaren sind. Diese Auskunft trägt aber keinen amtlichen Charakter, sie ist vielmehr lediglich eine persönliche Ansichtsäußerung der betreffenden Beamten. Bei Anfragen über Zölle, welche von deutschen Firmen an das deutsche Generalkonsulat in Neuyork gerichtet wurden, ist, wenn der Zoll aus dem Tarif nicht ohne weiteres ersichtlich war, eine Auskunft mit Hilfe von Importeuren oder Anwälten, zu denen persönliche Beziehungen bestanden, erlangt worden. Dagegen ist weder der Collector of Customs, noch der Appraiser bisher in Anspruch genommen worden. Anfragen, die vom Ausland aus unmittelbar an den Collector of Customs ergehen, dürften nur ausnahmsweise beantwortet werden; Anfragen, die unmittelbar an die Appraisers gerichtet werden, finden keine Berücksichtigung.

Die oberste Zollbehörde der Vereinigten Staaten ist das Treasury Department, in welchem eine besondere Abteilung, die Customs Division, besteht, welche die Zollsachen bearbeitet. Diese Abteilung ist die eigentliche amtliche Auskunftsstelle. Sie vermag aber auch nur unverbindliche Auskünfte zu erteilen, denn auch die Auffassung des Schatzamtes ist nicht maßgebend und kann von den Appraisers oder den Gerichten umgestoßen werden.

Zur Förderung der deutschen Ausfuhrtätigkeit, wie vor allem zur Vertretung der Interessen deutscher Staatsangehöriger in den Vereinigten Staaten dienen die kaiserlich deutschen Konsulate, welche sich im Gebiet der Vereinigten Staaten in folgenden Städten befinden: Atlanta (Georgia), Charleston (Süd-Carolina), Mobile (Alabama), Pensacola (Florida), Savannah (Georgia), Wilmington (Nord-Carolina), Chikago, Cincinnati, Denver (Colorado), Neuorleans (Louisiana), Galveston (New York) (Generalkonsulat), Baltimore (Maryland), Boston (Massachusets), Newport News, Richmond (Virginia), Philadelphia, San Francisco, Seattle (Washington), Port Townsend (Tacoma), St. Louis, St. Paul (Minnesota).

Die Konsulate geben in beschränkter Weise Auskunft über Ruf und Kreditwürdigkeit von amerikanischen Personen und Firmen, übernehmen jedoch keinerlei Gewähr oder Verbindlichkeit für diese Auskünfte. Für sonstige Auskünfte empfiehlt sich die Benutzung der auch in Deutschland tätigen Vertretungen der beiden großen amerikanischen Auskunfteien Breadstreet's und R. G. Dun & Co., die in fast allen größeren Städten der Vereinigten Staaten Niederlassungen besitzen.

Die kaiserlichen Konsulate weisen auch soviel als möglich auf Anfragen von amerikanischer Seite Bezugsquellen für deutsche Waren nach; sie können diese wichtige Aufgabe jedoch nur dann erfolgreich lösen, wenn die Industrie- und Exportfirmen, Industrieverbände und Exportvereine durch Übersendung von Katalogen, Adreßbüchern, Bezugslisten und anderen Veröffentlichungen die Konsulate unterstützten. Auch sollten deutsche Firmen, welche in den Vereinigten Staaten ständige eigene Vertretung haben (und dazu gehören bekanntlich eine große Anzahl von chemischen Fabriken), oder welche in regelmäßiger Geschäftsverbindung mit amerikanischen Import- und Kommissionshäusern stehen, den kaiserlichen Konsulaten von den Adressen Kenntnis geben. Derartige Mitteilungen werden stets streng vertraulich behandelt und ausschließlich zum Nutzen der betreffenden Firmen verwendet.

Über die Anbahnung von Geschäftsbeziehungen in den Weststaaten liegt eine Mitteilung des deutschen Konsulats in Seattle (Washington) vor. Danach wird die Namhaftmachung von Firmen in den Weststaaten den darum nachsuchenden deutschen Kaufleuten nur in seltenen Fällen zum Abschluß eines Geschäfts verhelfen, und auch die Übersendung von Preislisten usw. einen Erfolg haben, weil die meisten Geschäftsleute ihren Bedarf an europäischen Waren nicht direkt, sondern durch die Vermittlung von Importhäusern im Osten der Vereinigten Staaten, namentlich in New York, zu beziehen pflegen. Die Hauptveranlassung für die Kaufleute in den Weststaaten, sich beim Bezug europäischer Waren dieser Vermittlungstätigkeit der Oststaaten zu bedienen, liegt vor allem darin, daß den betreffenden Kaufleuten der Vorteil der niedrigeren Frachtraten, welche die amerikanischen Eisenbahnen lediglich den großen Importhäusern im Osten der Vereinigten Staaten gewähren, nicht zuteil werden würde.

Maßgebend ist ferner, daß bei der Unsicherheit darüber, wie hoch der Wert der eingeführten Waren von der amerikanischen Zollbehörde festgesetzt wird, der Gewinn beim Absatz nicht genau berechnet werden kann, und daß die Kaufleute in den Weststaaten sich scheuen, das mit dieser Unsicherheit verbundene geschäftliche Risiko zu übernehmen.

Was die Versendung von Preisverzeichnissen und Katalogen anbetrifft, so ist eine Propaganda nur in deutscher Sprache von vornherein zwecklos. Zu beachten ist jedoch auch, daß selbst die englischen Übersetzungen deutscher Kataloge vielfach nur dann Beachtung finden, wenn sie die Maße und Gewichte, sowie die Preisangaben nach dem in der amerikanischen Union üblichen Systemen enthalten.

Bei der Einziehung von Forderungen steht den kaiserlichen Konsulaten keinerlei Zwangsmittel zur Verfügung. Ihre Tätigkeit beschränkt sich daher auf die Vermittlung bei Zahlungsverweigerung oder Säumigkeit. Versagt die Vermittlung, so bleibt allein die gerichtliche Klage. Diese Klagen sind aber stets mit erheblichen Kosten für den Kläger verbunden, der auch bei günstiger Entscheidung den größten Teil der Kosten seiner Vertretung vor Gericht zu tragen hat. Zur Vertretung von Parteien vor amerikanischen Gerichten sind die deutschen Konsulatsbeamten nicht befugt; es ist daher jedesmal die Annahme eines Rechtsanwalts erforderlich. Bei der Erhebung der Klage hat der Kläger bei der Erhebung Sicherheit für die Gerichtskosten zu stellen, und zwar bei kleineren Beträgen unter 300 oder an manchen Orten unter 500 Dollar sind als Sicherheit 10 Dollar, bei größeren Beträgen etwa 50 Dollar bei der Einreichung der Klage zu hinterlegen. In der Regel ist daher ein Vergleich der gerichtlichen Klage vorzuziehen. Zu beachten ist auch, daß der Kreis derjenigen Gegenstände, die von der Pfändung ausgeschlossen sind, ein weit größerer ist als nach deutschem Recht.

IV.

Der neue Zolltarifentwurf für Chemikalien vom Jahre 1912.

Die Mißstimmung über die Hochschutzzollpolitik der Vereinigten Staaten und die dadurch hervorgerufene Teuerung, welche der demokratischen Partei gegenwärtig die Mehrheit im Kongreß verschafft hat, ist wohl als die hauptsächliche Ursache für die Einbringung einer Revisionsbill[1] zum Payne-Aldrich-Tarif vom Jahre 1909 zu bezeichnen, welche am 21. Februar 1912 mit einer Mehrheit von 179 gegen 127 Stimmen ohne Rücksicht auf zahlreiche von den Vertretern der chemischen Industrie gestellte Abänderungsanträge angenommen wurde. Diese Underwoodbill, wie sie nach dem Führer der Demokraten genannt wird, rief nun in den weitesten Kreisen der chemischen Industrie Amerikas lebhafte Protestversammlungen hervor, und diese Proteste scheinen in der Tat auch nicht ohne Einfluß auf die maßgebenden Faktoren der Gesetzgebung geblieben zu sein. Eine ganze Reihe derartiger Proteste, welche dem Finanzkomitee der Union vorgetragen wurden, sind in der Zeitschrift Oil, paint and drug Reporter vom 8. April 1912 (p. 32 C—F) veröffentlicht worden.

Aus allen Protesten, welche von Fabrikanten aller möglichen Industriezweige wie der Hersteller von Schwärze, Natriumsilicat, Chromaten, Mineral- und Teerfarben, Teerprodukten, Ultramarin, Barytpräparaten, anorganischen Säuren, Ölen aller Arten für Speise- und industrielle Zwecke, Gerbstoffextrakten, Lacken und Firnissen, Weinsäure, Chloräthyl, benzoesauren Salzen, Leim und Gelatine, Türkisch Rotöl, Bleiweiß, Seifen, ätherischen Ölen, Sodafabrikaten und Boraten in teilweise sehr eingehenden Darlegungen erhoben wurden, ging vor allem hervor, daß die neue Zollvorlage der Industrie ganz außerordentlichen Schaden bringen würde. Namens der Chemists association protestierte Hy. Howard (Boston) in den Verhandlungen des Finanzkomittees des Senats besonders energisch gegen die Annahme der Vorlage (Zeitschr. f. angew. Chem. 1912 S. 827) Nach ihm hat die chemische Industrie in den Vereinigten Staaten mit allen nur denkbaren Hindernissen zu kämpfen. Besonders sind die Anlagekosten der Fabriken viel größer als in Europa; dazu kommen höhere Arbeitslöhne, endlich herrscht vielfach unter den Fabrikanten eine erbitterte Konkurrenz, welche durch Preisvereinbarungen nur selten gemildert wird.

---

[1] Die wichtigsten vorgeschlagenen Zolländerungen siehe Chemische Industrie 1912, S. 18.

Besonders bedenklich erscheint (was man durchaus als richtig bezeichnen muß), daß die Underwoodbill vielfach Erhöhungen der Zollsätze für Rohstoffe und Halbfabrikate bringen soll, welche aus dem Ausland eingeführt werden müssen, um in den Vereinigten Staaten weiter verarbeitet zu werden. Diesen von allen Industriellen erhobenen Klagen gegenüber scheint in der Tat auch ein gewisser Erfolg nicht versagt geblieben zu sein. Wie die Chemikerzeitung am 8. Juni berichtet, hat das Finanzkomitee des Senats auch über die neue Zollvorlage für Chemikalien, Öle und Farben ungünstig berichtet. Zur Begründung dieser Entscheidung wurde angegeben, daß sämtliche vor dem Komitee erschienenen Chemikalienfabrikanten und -verbraucher sich gegen die Vorlage ausgesprochen hätten, daß die Vorlage eingestandenermaßen die amerikanische chemische Industrie nicht zu schützen bezweckt, sondern sie durch höhere Zölle für Rohstoffe und niedrigere Zölle für fertige Artikel schädigt, daß sie als die Arbeit eines einzigen Mitgliedes des Komitees der Mittel und Wege Veränderungen vorschlägt, welche sich auf keine sachlichen Erhebungen stützen.

Das Finanzkomitee empfiehlt daher, mit der Zollrevision zu warten, bis die Tarifbehörde einen Bericht über die Zollskala erstattet hat.[1]

Wenn demnach auch die Neuordnung der amerikanischen Zollgesetzgebung für Chemikalien noch nicht als unmittelbar bevorstehend erscheint und kaum vor dem nächsten Jahre (wenn überhaupt) geregelt werden dürfte, so liegt es jedoch im unmittelbaren Interesse der deutschen chemischen Industrie, die ja, wie eingehend geschildert, bedeutende Warenmengen nach dem amerikanischen Markte absetzt, sobald als möglich das Interesse der maßgebenden deutschen Behörden auf diese wirtschaftlich sehr wichtigen Fragen zu lenken, um vor unliebsamen Überraschungen geschützt zu sein. Nach mancherlei trüben Erfahrungen der letzten Zeit scheint jedenfalls ein „Videant consules“ hier unbedingt am Platze.

---

[1] In Übereinstimmung mit dem Finanzausschuß hat schließlich am 5. Juli 1912 auch der Senat selbst mit 32 gegen 27 Stimmen die Zollvorlage des Repräsentantenhauses abgelehnt, wodurch wenigstens für die laufende Session die ganze Frage der Vertagung anheimgefallen ist.

V.

Anhang.

Patente und chemische Industrie in den Vereinigten Staaten.[1]

Von B. Herstein (Technischer Beirat des Tariff Board).

Ein chemisches Patent unterscheidet sich von allen anderen in folgender Hinsicht: Das fertige Produkt besitzt meist keine für das bei der Darstellung angewandte Verfahren eigentümliche Eigenschaften, welche die Identifizierung einer bestimmten Darstellung und die Feststellung einer Patentverletzung ermöglichen. Das ist die Ursache für die Anwendung geheimer und angeblich geheimer Verfahren in vielen chemischen Fabriken. Dieses Prinzip wird nur teilweise durchbrochen durch die Möglichkeit, ein Produkt selbst schützen zu lassen, wenn es neu ist. Daher ziehen manche Fabrikanten es vor, den Nachteil und das Risiko eines geheimen Verfahrens auf sich zu nehmen, als ein Verfahren, wenn auch nur teilweise, der interessierten Öffentlichkeit bekannt zu geben. Trotzdem kann man sagen, daß der Fortschritt der industriellen Chemie im ganzen genommen in den letzten Jahren in der gesamten Patentliteratur verzeichnet ist und daß nach der Zahl der patentierten Erfindungen die chemische Industrie durch keinen Fabrikationszweig übertroffen, wenn überhaupt erreicht worden ist. Das trifft in ausgedehntem Maße auch für die Vereinigten Staaten zu. In der sehr sorgfältigen und lehrreichen Arbeit von Story B. Ladd, veröffentlicht von dem „U. S. Census-Bureau" unter dem Titel „Patents in Relation to Manufacturers" („Cens. of Manuf. IV. 776, 1902"), wird festgestellt, daß bis zur Zeit der Veröffentlichung (1902) folgende Anzahl von U. S.-Patenten in den Hauptzweigen der chemischen Industrie erteilt worden ist:

Bleichmittel und Farbstoffe	2293
Chemikalien	2395
Düngemittel	725
Pharmazeutische Verbindungen	1746

Man sieht, daß die aufgeführten Patente nicht alle Zweige der chemischen Industrie umfassen. Die vom „Patent Office" befolgte Gliederung verteilt die chemischen Erfindungen auf viele Abteilungen und Unterabteilungen, von denen die wichtigsten aus Tabelle I zu ersehen sind. Die nach dem

[1] Abhandlung, vorgelegt in der gemeinschaftlichen Sitzung der Am. Chem. Soc., Am. Electrochemical Soc. und der Soc. of Chem. Ind., New York, 19. April 1912. Siehe auch Glossary on Schedule A., p. 201—208.

Tabelle I.

Patente der wichtigsten chemischen Industrien in den Vereinigten Staaten von 1900—1910, nach Nationalität des Patentinhabers und nach dem Besitzstand.

	Gesamtsumme			Amerika		England		Frankreich		Deutschland		Schweiz		das übrige Europa		das übrige Ausland	
	Gesamtzahl	Anzahl der cedierten	Gesamtzahl an Ausländer	Gesamt	Cediert	Gesamt	Cediert	Gesamt	Cediert	Gesamt	Cediert	Gesamt	Cediert	Gesamt	Cediert	Gesamt	Cediert
Gesamtzahl	4068	2087	2516	1552	524	212	46	178	29	1754	1354	167	146	162	9	43	9
Abteilung III.																	
Klasse 204: Elektrochemie.																	
Unterabteilungen:																	
18. Alkalien u. Chlor	115	41	45	70	30	13	1	4	—	4	2	2	—	16	6	6	2
59. Bleichmittel und Desinfektionsflüssigkeiten	30	14	20	10	8	4	1	1	—	12	5	2	—	1	—	—	—
60. Chlorate	11	4	7	4	1	1	—	2	—	1	1	1	—	—	—	2	2
51. Farben u. Pigmente	22	13	3	19	11	—	—	—	—	—	—	2	2	—	—	1	—
62. Carbide	73	42	14	58	39	3	—	2	—	3	1	—	—	4	—	2	2
27. Gerbmaterialien	5	3	—	5	3	3	—	—	—	—	—	—	—	—	—	—	—
Gesamtzahl	256	117	89	167	92	21	2	9	—	20	9	7	2	21	6	11	6
Abteilung VI.																	
Klasse 8: Bleicherei und Färberei.																	
Unterabteilungen:																	
1. Organische Farbstoffe	862	819	843	19	9	11	5	11	4	701	685	115	113	5	3	—	—
2. Bleichmittel	50	16	30	20	5	8	—	3	—	17	11	—	—	2	—	—	—
5. Färbeverfahren	141	70	110	31	10	8	1	9	3	79	56	—	—	14	—	—	—
6. Farben	38	15	16	22	5	3	—	3	1	10	9	—	—	—	—	—	—
20. Mercerisation	53	7	29	24	4	11	1	3	1	10	1	—	—	5	—	—	—
13. Beizen	43	12	21	22	5	2	1	3	—	13	6	—	—	3	—	—	—
Gesamtzahl	1187	939	1049	138	38	43	8	32	9	830	768	115	113	29	3	—	—

	Gesamtsumme		Gesamtzahl an Ausländer	Amerika		England		Frankreich		Deutschland		Schweiz		das übrige Europa		das übrige Ausland	
	Gesamtzahl	Anzahl der cedierten		Gesamt	Cediert	Gesamt	Cediert	Gesamt	Cediert	Gesamt	Cediert	Gesamt	Cediert	Gesamt	Cediert	Gesamt	Cediert
Klasse 23: Chemikalien.																	
Unterabteilungen:																	
1. Mineralsäuren	215	77	99	116	41	8	3	6	—	62	32	1	1	21	—	1	—
5. Feuerlöschmittel	13	5	8	5	1	1	—	1	—	4	4	—	—	1	—	1	—
Katalytische Körper	17	9	12	5	2	—	—	1	—	10	7	—	—	1	—	—	—
10. Metalloide	86	29	31	55	23	5	—	9	1	14	5	—	—	2	—	1	—
11. Vorrichtungen zum Verpacken von Chemikalien	14	6	4	10	5	1	—	—	—	2	1	—	—	—	—	—	—
3. Apparate	61	11	21	40	10	7	1	—	—	10	—	—	—	3	—	1	—
13. Metallsalze	337	118	191	146	51	43	15	16	2	98	50	3	—	21	—	10	—
21. Ammoniumsalze	47	13	41	6	1	1	5	1	—	27	7	—	—	4	—	1	—
22. Soda u. Pottasche	42	12	18	24	7	1	—	3	—	9	5	1	—	3	—	1	—
24. Kohlenstoffverbindungen	685	448	555	130	51	18	3	38	10	450	359	32	25	16	—	1	—
Gesamtzahl	1517	728	980	537	192	92	27	76	13	686	470	37	26	72	—	17	—
Klasse 52: Explosivstoffe.																	
Unterabteilungen:																	
3. Nitroverbindungen	156	61	59	97	55	14	1	8	—	28	5	—	—	8	—	1	—
Klasse 167: Medikamente.																	
Unterabteilungen:																	
5. Haarfärbemittel u. tonische Mittel	20	2	4	16	1	—	—	—	—	2	1	—	—	—	—	2	—
4. Extrakte	82	16	38	44	6	8	2	4	—	18	6	—	—	6	—	2	2
7. Innere Heilmittel	89	41	66	23	6	2	—	4	2	52	31	2	1	3	—	3	1
9. Lokale Heilmittel	71	19	26	45	10	2	—	—	—	20	9	1	—	3	—	—	—
6. Chemik. gegen Pflanzenschädlinge	81	9	12	69	8	2	—	—	—	6	—	1	1	1	—	2	—
3. Desinfektionsmittel	306	68	66	240	57	10	—	25	2	19	9	—	—	7	—	5	—
Gesamtzahl	649	155	212	437	88	24	2	33	4	117	56	4	2	20	—	14	3
Abteilung XV.																	
Klasse 106: Plastische Massen.																	
Unterabteilungen:																	
37. Pyroxyline	43	10	23	20	4	2	1	9	1	10	3	2	1	—	—	—	—
40. Viscose u. Cellulose	59	25	42	17	9	5	4	4	2	28	9	1	1	4	—	—	—
Gesamtzahl	102	35	65	37	13	7	5	13	3	38	12	3	2	4	—	—	—

	Gesamtsumme			Amerika		England		Frankreich		Deutschland		Schweiz		das übrige Europa		das übrige Ausland	
	Gesamtzahl	Anzahl der cedierten	Gesamtzahl an Ausländer	Gesamt	Cediert	Gesamt	Cediert	Gesamt	Cediert	Gesamt	Cediert	Gesamt	Cediert	Gesamt	Cediert	Gesamt	Cediert
Klasse 18: Plastische Massen.																	
Unterabteilungen:																	
51. Pyroxyline	14	10	2	12	9	1	—	—	—	—	—	1	1	—	—	—	—
Abteilung XXXI.																	
Klasse 87: Öle, Fette und Leim.																	
Unterabteilungen:																	
7. Leim	23	6	11	12	5	1	—	1	—	8	1	—	—	1	—	—	—
Klasse 134: Flüssige Anstrichmittel.																	
Unterabteilungen:																	
72. Bleisalze und ihre Behandlung	4	—	2	2	—	2	—	—	—	—	—	—	—	—	—	—	—
54. Malgummi	9	1	2	7	—	—	—	—	—	1	1	—	—	1	—	—	—
17. Gummi	6	3	2	4	2	—	—	—	—	1	—	—	—	1	—	—	—
59. Eisensalze	13	1	2	11	1	—	—	1	—	1	—	—	—	—	—	—	—
60. Lampenruß	16	2	8	8	2	—	—	1	—	7	—	—	—	—	—	—	—
67. Bleisalze	18	7	4	14	7	2	—	—	—	1	—	—	—	—	—	—	—
77. Ultramarin	2	—	2	—	—	—	—	2	—	—	—	—	—	—	—	—	—
78. Zinksalze	39	7	12	27	6	4	1	1	—	5	—	—	—	2	—	—	—
79. Pyroxyline	14	4	7	7	3	—	—	1	—	4	1	—	—	2	—	—	—
Gesamtzahl	121	25	41	80	21	8	1	6	—	20	2	—	—	6	—	—	—
Klasse 203: Ammoniak, Wasser- u. Holzdestillation,																	
Unterabteilungen:																	
1. Ammoniak	13	2	6	7	2	1	—	—	—	5	—	—	—	—	—	—	—
4. Terpentingewinnungsverfahren	17	6	2	15	6	1	—	—	—	2	—	—	—	—	—	—	—
3. Destillationsapparate f. Terpentin	13	3	—	13	3	—	—	—	—	—	—	—	—	—	—	—	—
Gesamtzahl	43	11	8	35	11	2	—	—	—	7	—	—	—	—	—	—	—

Originalverzeichnis des Patent-Office ausgearbeitete Tabelle umfaßt alle chemischen Erfindungen, die durch U. S.-Patente in den angeführten Gruppen im Zeitabschnitt 1900—1910 geschützt wurden. Sie enthält aber nicht die Patente der chemischen Industrie, die in anderen Abteilungen untergebracht sind. Ferner teilt die Tabelle die Patente nach der Nationalität des Patentinhabers und nach dem Stand des Eigentumsrechts zur Zeit der Herausgabe ein, soweit die Eintragungen erkennen lassen, ob die Patente noch im persönlichen Besitz des Anmelders oder schon anderen Interessenten verkauft sind. Letzteres zeigt in eingeschränktem Maße die unmittelbare Anmeldung der Patente aus der Industrie an, weil ein solches Patent meistens eine in einem industriellen Unternehmen gemachte Erfindung bedeutet und deshalb mehr Aussicht besitzt, praktisch verwendet oder erprobt zu werden. Das kann auf anderem Wege nicht so leicht festgestellt werden. Die Gesamtzahl der in den Vereinigten Staaten von 1900 bis 1910 erteilten Patente beläuft sich in den Klassen der Tabelle I auf 4068, wovon 3509 der Abteilung VI angehören, die fast nur chemische Patente umfaßt. Bei weitem der größte Prozentsatz besteht aus Erfindungen in der organischen Chemie, wovon organische Farbstoffe und Kohlenstoffverbindungen allein 1547 oder 38$^0/_0$ ausmachen. Derselbe Prozentsatz (38$^0/_0$), 1552, sind von Amerikanern genommen worden; der Rest, 2516 (62$^0/_0$), von allen in der Tabelle aufgezählten Patenten ist von ausländischen Erfindern erworben worden. Von diesen 2516 haben Deutsche den Hauptanteil, nämlich 1754 oder 69,5$^0/_0$; ihnen zunächst folgen die Schweizer mit 167 Erfindungen oder 6,6$^0/_0$. Der folgende Vergleich ist besonders interessant. Die Gesamtzahl aller in den Vereinigten Staaten erteilten Patente zwischen 1900 und 1910 war 240000 — jährlich durchschnittlich 30910 —, von denen an auswärts wohnende Ausländer 38930 — jährlich durchschnittlich 3540 oder 11,4$^0/_0$ — erteilt wurden. Nach Tabelle I beträgt der Prozentsatz der Patente, die für im Ausland gemachte Erfindungen und an Ausländer erteilt wurden, in der chemischen Industrie 5mal so viel, 62$^0/_0$. Tabelle II gibt die Durchschnittszahlen der Patente, die in den Vereinigten Staaten von 1900—1910 jährlich erteilt worden sind, und zwar nach der Nationalität und dem Wohnort der Patentinhaber; die Zahlen beziehen sich nur auf die chemische Industrie. Patentinhaber ausländischer Geburt, die in den Vereinigten Staaten wohnen, ob sie im Besitz des Bürgerrechts sind oder nicht, sind zu den amerikanischen Patentinhabern gezählt.

Tabelle II.

Nationalität	Durchschnitt aller von 1900—1910 erteilten Patente	Durchschnitt der chem. Patente	in Prozenten
Amerikaner	27375	155	0,5
Deutsche	1043	175	16,8
Engländer	900	21	2,3
Franzosen	323	18	5,7
Schweizer	87	17	2,0

Die niedrige prozentuale Anzahl der von Amerikanern genommenen chemischen Patente rührt natürlich von der großen Zahl der in anderen Industrien Amerikanern erteilten Patente her und würde daher keine besondere Bedeutung haben, wenn die Zahl der Patente, die von Amerikanern in ihrem Vaterland erworben worden sind, nicht bedeutend kleiner wäre als die in den Vereinigten Staaten an Fremde und sogar kleiner als die in den Vereinigten Staaten an Deutsche erteilte Anzahl von Patenten. Das Übergewicht ausländischer Erfinder, besonders Deutscher, in der chemischen Industrie ist schon in der oben erwähnten Census-Arbeit hervorgehoben worden (Soc. cit. p. 759).

In dem Zeitraum von 1890—1900 sind in den Vereinigten Staaten 622 Patente für organische Farbstoffe und 312 für andere organische Verbindungen erworben worden. Davon erhielten 609 oder 97,9% und 281 oder 90% Ausländer, hauptsächlich Deutsche. Tabelle III, welche die wesentlichen Punkte von Tabelle I zusammenfaßt, zeigt, daß sich während des folgenden Jahrzehnts das Verhältnis gar nicht oder nur sehr wenig verändert hat.

Tabelle III.

Gesamtsumme der in den Vereinigten Staaten von 1900—1910 erworbenen chemischen Patente nach dem Wesen der Patente und dem Wohnort des Patentinhabers.

	Sämtliche Patente		Patente für organische Verbindungen, Bleich- und Färbeverfahren		Alle übrigen Patente	
	Erworben	Verkauft	Erworben	Verkauft	Erworben	Verkauft
Im Ganzen . . .	4068	2087	1738	1353	2330	734
Amerikaner . . .	1552	524	200	75	1352	449
Deutsche	1754	1324	1247	1111	507	213
An andere Ausländer	762	239	291	167	471	72

Die Tabelle zeigt, daß von der Gesamtzahl von Patenten, die während dieser Periode erteilt wurden, nämlich 4068, nur 1552 oder 38% von einheimischen Amerikanern erworben wurden. In Deutschland wohnende Deutsche erhielten 1754 Patente oder mehr als 43%, 762 Patente oder etwas weniger als 19% wurden an andere auswärts wohnende Ausländer erteilt. In den Gruppen „Kohlenstoffverbindungen, Bleich- und Färbeverfahren" wurden 1738 Patente erworben, wovon nur 200 oder 11,5% von Amerikanern angemeldet worden waren. Das bedeutet offenbar einen geringen Fortschritt gegenüber dem vorhergehenden Jahrzehnt. Jedoch muß man zugeben, daß diese Tatsache trotzdem keineswegs befriedigen kann, besonders wenn man den materiellen Schaden in Betracht zieht, da ja die genannten Gruppen sicher die gewinnbringendsten Zweige der chemischen Industrie darstellen. Es ist daher die Behauptung aufgestellt worden, daß es in gewissem Grade ein Maß für die direkte industrielle Verwendbarkeit eines Patentes ist, wenn es schon vor seiner Erteilung veräußert worden ist; das gilt aus einleuchtenden Gründen in noch höherem Grade für ausländische Anmeldungen. Die Zahl der Patentabtretungen, in Tabelle I für jedes Land spezifiziert und in Tabelle III summarisch zusammengefaßt, ist daher von gewisser Bedeutung. In Prozenten ausgedrückt betragen sie für das ganze Gebiet:

Wohnsitz des Patentverkäufers	Zahl der vor der Erteilung abgetretenen chemischen Patente in den Ver. Staaten in Prozenten
Vereinigte Staaten	38,8
England	21,2
Frankreich	16,3
Deutschland	75,5
Schweiz	87,4

Patenterteilungen an Schweizer umfassen fast nur organische Farbstoffe und andere Kohlenstoffverbindungen, Industrien, die in der Schweiz hochentwickelt sind und welche fast ausschließlich von einigen großen Gesellschaften im Baseler Bezirk betrieben werden. Die Nachbarschaft Deutschlands und Patentgesetze, die (seit ihrer Abänderung) die Verletzung ausländischer Patente gestatten, sind die hauptsächlichen Ursachen für die Entwicklung dieser Industriezweige in der Schweiz.

Tabelle IV.
Amerikanische an deutsche Gesellschaften von 1900—1910 verkaufte Patente.

Name der Gesellschaft	Kohlenstoffverbindungen	Bleich- und Färbeverfahren	Organische Farbstoffe	Gesamtzahl
Aktiengesellschaft für Farbenfabrikation, Berlin	9	1	48	58
Badische Anilin- u. Sodafabrik A.-G.	34	34	188	256
Bayer & Co., Farbenfabriken, Elberfeld, A.-G.	104	19	217	340
Meister, Lucius & Brüning, Höchst a. M., A.-G.	58	17	115	190
Summe	205	71	568	844
Summe aller an Deutsche erteilten Patente	450	96	701	1247

Tabelle III gibt die Anzahl aller Patente an, die während dieser Zeit an in Deutschland lebende Deutsche erteilt worden sind. Sie beträgt 1754, wovon 1324, d. h. 75,5 % bereits vor ihrer Erteilung abgetreten worden sind. Der höchste Betrag dieser Verkäufe ist auf dem Gebiet der organischen Farbstoffe, nämlich 785 von 801 oder 98%, erreicht worden. Ein Zusatz zu dieser Tabelle verdient besondere Beachtung. Von den 1754 für deutsche Erfindungen erteilten Patenten beziehen sich 1247, d. h. etwas mehr als

71 % auf organische Farbstoffe, andere organische Verbindungen, Bleich- und Färbeverfahren aus im ganzen nur 5 Abteilungen von den in Tabelle I aufgeführten 40 Abteilungen. Die Anzahl der verkauften Erfindungen betrug 1111 von 1247, d. h. 90 %, und davon waren, wie aus Tabelle IV hervorgeht, 844 oder 68 % nur an 4 Gesellschaften verkauft, die mit einer anderen Gesellschaft durch Kapitalaustausch und Gewinnteilung auf Grund einer Abmachung auf 50 Jahre von 1904 an an einer Interessengemeinschaft arbeiten, wie aus ihren eigenen Berichten hervorgeht (H. Schultze, Entwicklung der chemischen Industrie. Halle 1908. S. 786).

Ein Patent ist im wesentlichen ein Monopol, das mit Einwilligung und mit Hilfe der Regierung durchgesetzt wird. Sein Hauptzweck und anerkannter sozialer Wert besteht in der Förderung der materiellen Entwicklung der Industrie. Unsere Patentgesetze sind streng in bezug auf die Neuheit und milde gegen den Erfinder oder den Verkäufer. Das sichert die ersteren und gewährt den letzteren ausgedehnten Schutz — viel mehr als in jedem anderen Lande — weil das amerikanische Gesetz die Patentfähigkeit des Produktes als solches anerkennt, so daß es, so lange der Patentschutz in den Vereinigten Staaten besteht, von keinem anderen Darstellungsverfahren oder einer Verbesserung betroffen werden kann außer mit Genehmigung des ursprünglichen Erfinders oder Cessionars. Dieser für das amerikanische Patentgesetz charakteristische Punkt bietet ein ernstes Problem besonders in bezug auf die chemische Industrie. In dieser ist das Produkt die Hauptsache. Das Verfahren, durch welches ein Produkt erhalten wurde, ist für das Produkt selbst durchaus nicht charakteristisch, weil es auf verschiedenen Wegen erhalten werden kann, die sich nur wenig oder gar nicht in ihrer Ausführbarkeit unterscheiden. Selbstverständlich aber kann unter dem amerikanischen Gesetz der Eigentümer eines patentierten Produktes die Darstellung desselben durch andere verhindern, selbst wenn ihr Verfahren absolut neu und nicht einmal eine Verbesserung des ursprünglichen Verfahrens ist, sogar wenn dieses neue Verfahren materiell vorzuziehen ist oder irgendwelche andere Gründe für seine Aufnahme vorliegen. Aber eine derartige Handhabung verstößt unter Umständen gegen den industriellen Fortschritt, d. h. gegen den Zweck der Patentgesetzgebung. Die liberale Absicht des Gesetzes, dem ursprünglichen Erfinder so viel wie möglich zur materiellen Ausbeutung seiner Erfindung Gelegenheit zu geben, würde zu billigen sein, wenn das Interesse des Erfinders der einzige in Betracht kommende Faktor wäre. Das ist jedoch nicht der Fall. Ein Patent ist ein Kontrakt zwischen dem Patentinhaber und der Allgemeinheit, ein quid pro quo, worin den Interessen des Staates zum mindesten ebensoviel Anspruch gebührt wie denjenigen des Erfinders. Es fragt sich noch, ob diese Interessen genügend geschützt werden, wo ein Individuum allein oder korporativ die gesetzliche Kraft besitzt, die Ausführung einer verbesserten Darstellungsmethode zu verhindern.

In früheren Zeiten unserer industriellen Entwicklung mag eine derartige Vorsorge des Gesetzes seine Berechtigung gehabt haben. Erfindungen waren damals allein den Anstrengungen eines Einzelnen zu verdanken, der daran arbeiten konnte ohne einen Einspruch besonders fürchten zu müssen. Es mangelte an Erfindungen, ihr Wert konnte leichter abgeschätzt werden, die Ausnutzung war unmittelbarer, das Resultat direkter. Der Fortschritt der Wissenschaft und die Unabhängigkeit ihrer verschiedenen Zweige haben diese Bedingungen gänzlich verändert. Nur in seltenen Augenblicken kann ein Einzelner das ganze Arbeitsfeld, mit welchem er beschäftigt ist, überblicken. Das persönliche Element, das früher ein so bedeutender Faktor war, ist allmählich zum großen Teil ausgeschaltet worden. Die großen Werke der heutigen Wissenschaft und der Industrie sind die Ergebnisse der Arbeiten vieler Köpfe, die sich beim Studium desselben Gegenstandes in einem Brennpunkt getroffen haben, wobei mitunter gemeinsam, oft unabhängig voneinander gearbeitet wurde, aber immer ein gegenseitiger Einfluß stattfand. Es ist das Gesamtergebnis der Masse und das individuelle Produkt des Einzelnen. In keinem Gebiet industrieller und wissenschaftlicher Tätigkeit ist vielleicht das Prinzip des Nebeneinanderarbeitens besser vertreten als in der Chemie und nirgends ist es von günstigeren Resultaten für die Allgemeinheit begleitet worden. Der industrielle und wissenschaftliche Fortschritt in der heutigen Chemie wird in großen Unternehmungen durch ein Heer von Arbeitern bewirkt, von denen jeder seinen Anteil zum Ganzen beiträgt. Dieser Fortschritt besteht täglich in der Entdeckung vieler neuer Produkte, wovon einige unmittelbaren, andere potentiellen wirtschaftlichen Wert besitzen, und aus diesem Grunde ist die Gewährung des Patentschutzes für neue Erfindungen allgemein üblich geworden. Aber in den meisten Industrieländern schützt das Patent lediglich das Verfahren. Zu ihrem eigenen Schutz müssen die Erfinder und Patentverkäufer daher in allen Richtungen, die zu demselben Produkte möglicherweise führen könnten, experimentieren, um sich auch den Nutzen ihres Fabrikates wirklich zu sichern. Wenn andererseits der Nutzen aus einem bestimmten chemischen Produkt recht groß ist, werden Konkurrenten davon angelockt, ihre ganze Kraft einzusetzen, um neue Verfahren auszuarbeiten, damit sie die Darstellung des Fabrikates aufnehmen können, ohne bestehende Patente zu verletzen. Das ergibt den doppelten Vorteil, daß nicht nur zu einer gesetzlichen Konkurrenz angespornt wird, sondern auch den noch größeren, daß derartige Arbeiten mitunter zu oft ganz unvorhergesehenen und außerordentlich wertvollen Entdeckungen führen können. Wo man aber das Patent, das Produkt, ohne Rücksicht auf das Darstellungsverfahren — wie in den Vereinigten Staaten — schützt, wird sich eine Neigung zum industriellen Stillstand geltend machen. Diese Tatsache ist ganz offenkundig, aber aus Mangel an hinreichenden Angaben nicht ganz einwandfrei zu beweisen.

Tabelle IV zeigt, daß die erwähnten 4 deutschen Gesellschaften sich in den Vereinigten Staaten durchschnittlich etwa 80 Patente im Jahr gesichert haben. Dieselben Gesellschaften haben 1907, einem sehr günstigen Jahr für Deutschland, 181 Patente erworben. (James Baron „Chemical Industries of the Continent", 1909.)

Es gibt im U. S.-Patentgesetz noch einen wichtigen Punkt, der den Gesetzen anderer Industrieländer fehlt, und der nach Ansicht kompetenter Beurteiler nicht dazu angetan ist, die Industrie zu fördern, sondern besonders die chemische Industrie hemmend beeinflußt.

Im Gegensatz zu den Forderungen der Patentgesetze der meisten anderen Industrieländer setzen die Vereinigten Staaten keinen besonderen Ausführungszwang fest, sondern gestatten dem Patentinhaber, und zwar nur ihm, sein Produkt in den Vereinigten Staaten von jedem beliebigen Platz aus zu vertreiben, indem sie ihm ein Marktmonopol erteilen, ohne ihm irgend eine Verpflichtung aufzuerlegen oder von ihm eine Leistung zu verlangen, außer den geringen Gebühren, die von vornherein an das Patentamt gezahlt werden müssen. Für den amerikanischen Erfinder kommt dieser Punkt nur in außergewöhnlichen Fällen in Betracht, für den Ausländer hingegen ist er aus einleuchtenden Gründen besonders in der chemischen Industrie die Regel. Der amerikanische Markt ist der wertvollste der Welt und der ausländische Erfinder oder Cessionar nimmt natürlich alle ihm durch das Gesetz gebotenen Vorteile wahr, um diesen Markt so vorteilhaft wie möglich ausbeuten zu können. Dieser Umstand trägt Schuld an der Langsamkeit, mit der sich die chemische Industrie in den Vereinigten Staaten entwickelt, besonders in den Zweigen, die vorwiegend auf Erfindungen angewiesen sind und nicht durch eine Tarifgesetzgebung auf Grund der Kostengleichstellung oder irgend einer anderen Theorie geschützt werden können.

Das oben Gesagte soll ein Versuch sein, von neuem auf zwei fundamentale Eigenschaften unserer Patentgesetzgebung hinzuweisen, welche, wenigstens durch ihren Einfluß auf die chemische Industrie, eher geeignet sind, die Fabrikationsentwicklung in den Vereinigten Staaten zu hemmen als zu fördern. Man muß zugeben, daß die chemische Industrie wenn auch nur einen kleinen, so doch einen sehr bedeutenden Teil unseres wirtschaftlichen Lebens ausmacht. Die oben angegebenen Tabellen zeigen, daß kaum mehr als 1% aller erteilten Patente sich auf Erfindungen rein chemischer Natur beziehen. Selbst wenn man einsieht, daß der kleine Prozentsatz hauptsächlich durch die gehemmte Entwicklung verschuldet ist und daher um so schneller zur Verbesserung der Verhältnisse führen sollte, so ist es einleuchtend, daß vom Standpunkte der Nationalökonomie keine gesetzlichen Maßregeln erwartet werden können, bis nachgewiesen werden kann, daß die ungünstig beeinflußten Interessen bedeutend größer sind als hier geschildert, oder daß Verbesserungen ohne Nachteil für viele andere hierher gehörige komplizierte Fragen eingeführt werden können. Wir als amerikanische in den Vereinigten Staaten arbeitende Chemiker, die von dem Stande der chemischen Industrie sehr abhängig sind, haben indessen ganz besonderes Interesse daran und betrachten es als unsere Pflicht, dafür zu sorgen, daß die einfachsten Bedingungen zur Förderung der natürlichen Entwicklung unserer Industrie aufrecht erhalten und alle Schranken, die sie ungünstig beeinflussen, beseitigt werden. Daß die Entwicklung der chemischen Industrie in unserem Lande eine außerordentlich einseitige gewesen ist, wird niemand leugnen, der die Sachlage kennt, und es ist aus fremden Handelsstatistiken auch sofort ersichtlich. Die Fabrikation der Produkte der anorganischen Großindustrie ist allerdings in vieler Hinsicht der besten jedes anderen Landes gleichzustellen; dasselbe gilt auch für organische und medizinische Chemikalien. Aber die Fabrikation der sogenannten „feinen Chemikalien", besonders Kohlenteer und Kohlenteerprodukte, ist sehr unzureichend, gehemmt oder, wenn man so sagen will, verkümmert. Und daran ist nicht der Mangel an Rohmaterialien oder sonstigen für das Bestehen derartiger Fabrikationen notwendigen Grundstoffen schuld, sondern die Tatsache, daß sowohl Tarif- als auch Patentgesetzgebung auf die Unternehmungen in einer Richtung einen Zwang ausüben und in einer anderen hemmend wirken. Der Nutzen bei der Fabrikation von feinen Chemikalien aus Kohlenteerprodukten rührt nicht wie bei der „schweren" chemischen Industrie ausschließlich von Patenten her. Der größte materielle Gewinn ergibt sich während der Lebensdauer des Patentes durch den monopolen Charakter des letzteren und vermindert sich auch nicht, wie groß auch die auferlegten Abgaben sein mögen, solange eine einheimische Produktion unmöglich gemacht wird und der Import wie in den Vereinigten Staaten gestattet wird. Hier bezahlt, wie sonst nirgends, der Konsument sämtliche Abgaben. Nach Ablauf des Patentes ist vielleicht das geschützte Produkt teilweise oder ganz aus dem Gebrauch gekommen, oder der Patenteigentümer hat während der Zeit genügende Erfahrungen gesammelt, um die Fabrikationskosten und somit den Verkaufspreis bedeutend verringern zu können, ohne den Gewinn dabei herabsetzen zu müssen, oder er hat neue Produkte auf dem gleichen Wege dargestellt, erwirbt nun für diese Patentschutz und erzielt aus ihnen genügend großen Nutzen, um sich für den verringerten Verkauf und Gewinn an dem ursprünglichen Patent schadlos halten zu können. Konkurrenten, welche die Herstellung solcher Artikel, für die der Patentschutz gerade erloschen ist, aufnehmen, müssen sich gleichsam nach reicher Ernte mit der Nachlese begnügen. In den Vereinigten Staaten muß die Regierung durch Tarifgesetzgebung — besonders mit Rücksicht auf die chemische Industrie — Bestimmungen ändern, die nicht mehr zeitgemäß sind.

Darüber, daß Industrien durch Gesetze gehoben werden können, und daß man durch eine vernünftige Tarifgesetzgebung die Industrie verbessern sollte, ist man sich in diesem Lande einig, aber die Tarifgesetzgebung ist nur einer der vielen Faktoren, welche unser außerordentlich kompliziertes industrielles Leben beeinflussen, und eine verständige Patentgesetzgebung ist — wenigstens mit Bezug auf die chemische Produktion — zweifellos ebenso wichtig wie die erstere.

Metzger & Wittig, Leipzig.